RAFAEL SHOJI

XINTOÍSMO
神道

Lafonte

Brasil · 2021

Título – Xintoísmo
Copyright © Editora Lafonte Ltda. 2021

Todos os direitos reservados.
Nenhuma parte deste livro pode ser reproduzida por quaisquer meios existentes sem autorização por escrito dos editores e detentores dos direitos.

Direção Editorial **Ethel Santaella**
Organização e Revisão **Ciro Mioranza**
Diagramação **Demetrios Cardozo**
Imagem de capa **Inga Maya / Shutterstock**

```
Dados Internacionais de Catalogação na Publicação (CIP)
       (Câmara Brasileira do Livro, SP, Brasil)

  Shoji, Rafael
    Xintoísmo / Rafael Shoji. -- São Paulo :
  Lafonte, 2021.

    ISBN 978-65-5870-171-2

    1. Xintoísmo 2. Xintoísmo - Doutrinas I. Título.

21-77585                                   CDD-299.561
```
Índices para catálogo sistemático:

1. Xintoísmo : Religião   299.561

Cibele Maria Dias - Bibliotecária - CRB-8/9427

Editora Lafonte
Av. Profª Ida Kolb, 551, Casa Verde, CEP 02518-000, São Paulo-SP, Brasil - Tel.: (+55) 11 3855-2100
Atendimento ao leitor (+55) 11 3855- 2216 / 11 – 3855 – 2213 – atendimento@editoralafonte.com.br
Venda de livros avulsos (+55) 11 3855- 2216 – vendas@editoralafonte.com.br
Venda de livros no atacado (+55) 11 3855-2275 – atacado@escala.com.br

ÍNDICE

05	**Introdução**
05	Caminho dos *Kami*
07	Breve história do Xintoísmo
13	**Mitologia e Rituais**
13	*Kami*
20	Origem do Cosmos e do Japão
23	Rituais e Festivais
35	**Ramos do Xintoísmo**
37	Xintoísmo de Santuários: *Kami* e Sacralização Geográfica
44	Xintoísmo de Estado e Nacionalismo
48	Xintoísmo Sectário
50	Novas Religiões derivadas do Xintoísmo
55	Interações do Xintoísmo com outras Religiões
61	**Xintoísmo e Mundo Contemporâneo**
61	Xintoísmo e Ecologia
63	Etnicidade e Internacionalização
65	Ética, Anime e Robôs

71	Xintoísmo no Brasil
71	Xintoísmo de Estado no Brasil
77	Xintoísmo de Santuários no Brasil
82	Novas Religiões de Influência Xintoísta no Brasil
88	Períodos da História do Japão
91	Referências para saber mais

INTRODUÇÃO

Caminho dos *Kami*

Shintō (Caminho dos *Kami* [Deuses]), Xintô ou Xintoísmo, na grafia alternativa brasileira, é considerada a religião primordial nativa do Japão. Ao contrário do Budismo, outra religião bastante importante no contexto japonês, o Xintoísmo não tem um fundador. Em muitos contextos combinado com o Budismo, mas absorvendo elementos taoístas, confucionistas e até hindus, o Xintoísmo tem forte influência no cotidiano dos japoneses e pode ser observado em diversas expressões culturais e celebrações. O Xintoísmo é especialmente importante nos rituais de limpeza, no relacionamento com a natureza, chegando aos dias atuais com uma peculiar influência animista na interação com máquinas e robôs, elementos esses muitas vezes disseminados através da cultura do anime. Apesar de não ter um código moral bem definido, a espiritualidade xintoísta está bastante presente na ética e nas artes japonesas, em especial através da valorização da pureza, da sinceridade e de elementos naturais.

Uma das formas iniciais de se entender o Xintoísmo é através da transliteração de seu nome em japonês *Shintō* (神道). O primeiro caractere 神 também pode ser lido como *kami*, que nesse contexto significa deus ou deuses (ou espírito, em uma tradução mais alternativa), um conceito que será melhor explorado em um item próprio a seguir. O caractere 道 significa "caminho" e também é o caractere usado para designar o Tao (ou "Dao") referenciado em diversas religiões, em especial o Taoísmo. Esse caractere também pode ser lido como "dô" e nessa leitura compõe nomes diversos como as artes marciais *judô*, *aikidô* e *kendô*. Dessa forma *Shintō* representa o caminho através dos *kami*, o caminho espiritual a partir das divindades, que aqui são os espíritos primordiais e nativos do Japão.

Não há no Xintoísmo uma doutrina ou teologia bem definida, algo que é intencional e faz parte da religião. Talvez esse ponto possa ser ilustrado por uma anedota contada pelo mitólogo Joseph Campbell. Em um congresso de religiões, um sociólogo comenta com um sacerdote xintoísta que não conseguia entender a doutrina ou teologia do Xintoísmo, apesar de todas as leituras e visitas que fazia aos santuários. O sacerdote xintoísta respondeu que "Nós não temos ideologia. Nós não temos teologia. Nós dançamos." As práticas e rituais, são consideradas mais importantes do que o que foi pensado ou sistematizado racionalmente e o sacerdote xintoísta indica uma energia vital, que é a base do Xintoísmo e que não pode ser domada pela racionalização intelectual, mas que pode ser sentida pelos seres humanos em atividades como a dança e as artes.

Apesar dessa característica ser pouco doutrinária, o Xintoísmo se revela em linhas mais gerais como um culto a uma natureza japonesa, em seus aspectos geográficos e étnicos. A ambiguidade do termo natureza em "culto a uma natureza japonesa" é aqui intencional: por um lado, o objeto do Xintoísmo são os deuses ou *kami*, alguns deles fenômenos naturais específicos da geografia japonesa; por outro lado, o Xintoísmo se desenvolveu como uma religião etnicamente orientada. A tradicional dicotomia entre natureza e cultura é difícil de ser tratada quando se estuda o Xintoísmo, visto que um de seus principais impulsos é a sacralização de uma natureza local interpretada do ponto de vista étnico.

Breve história do Xintoísmo

As raízes do início do Xintoísmo se estendem ao período da pré-história do Japão. Supõe-se que seu começo tenha ocorrido na chamada cultura *Jomon* (cerca de 14.000 a.C. até 300 a.C., ou até 1.000 a.C., segundo algumas correntes da historiografia japonesa). Durante esse extenso período *Jomon*, o período pré-histórico mais antigo do Japão, desenvolveu-se uma das formas mais antigas de cerâmica, produzida por um povo sedentário com foco no matriarcado e com uma espiritualidade baseada no xamanismo e no animismo. A cultura do período *Yayoi* (300 a.C. até 300 d.C.) relembra alguns aspectos posteriormente adotados na formalização do Xintoísmo, em especial a crença nos *kami* e a arquitetura dos santuários dedicados a deuses do arroz e do Sol em Ise, que se tornou um dos principais santuários xintoístas do Japão por ser o centro do culto ao imperador.

As crenças do Xintoísmo antigo foram se formando e se desenvolvendo especialmente a partir do início do período *Kofun* (300 d.C. até 550 d.C.). O sistema de crenças estava estreitamente associado com o sistema de clã que se desenvolveu regionalmente, os deuses em geral representavam características do ambiente natural, como o mar, pedras em formatos especiais, rios e florestas. Também antepassados comuns do clã faziam parte dos deuses cultivados. Um clã que teve influência crescente no panteão xintoísta foi o clã Yamato, incluindo a deusa do sol *Amaterasu*, que parece ter sido uma das principais bases para o culto ao imperador. Durante a idade média japonesa, o Xintoísmo foi se institucionalizando como um culto aos *kami* com pouca independência, tendo estado por muito tempo em simbiose com o Budismo, como será detalhado posteriormente. A devoção ao imperador foi somente simbólica durante a regência dos generais denominados *xogum*, militares que governaram e buscaram unificar o Japão, a partir do século XII até o século XIX.

Nos tempos modernos, o Xintoísmo de Estado baseado no imperador teve um papel fundamental. O ano de 1868 pode ser considerado o ano de início do Xintoísmo de Estado. Após mais de 250 anos do xogunato Tokugawa, em 1868 foi promulgada a restauração Meiji e a doutrina do imperador como um ser divino regente do Japão, tendo como base os rituais xintoístas e a concepção de uma origem comum de todos os japoneses, descendentes da deusa Sol, *Amaterasu*. Em conjunto com o desenvolvimento do exército e da marinha japonesa, desenvolveu-se a lealdade incondicional ao imperador, algo propagado pelo sistema educacional e pelos diversos santuários xintoístas, que eram supervisionados pelo governo imperial em Tóquio. Em paralelo, diversos movimentos xintoístas sectários e novas religiões se desenvolveram.

Após a segunda Guerra Mundial, o Xintoísmo de Estado foi oficialmente extinto. O imperador publicamente abdicou de ser uma divindade e a separação entre religião e estado japonês se tornou uma exigência das forças americanas de ocupação do Japão. Com isso o Xintoísmo retornou ao seu antigo papel de ser um eixo estrutural de santuários bastante heterogêneos espalhados pelo Japão, nos quais os inumeráveis *kami* são cultuados e festivais são organizados pela comunidade local. A maioria dos santuários são independentes e liderados por sacerdotes atuando em tempo parcial. A força da comunidade e a crença nos *kami* ressurgem especialmente em épocas determinadas pelo calendário, trazendo para a vida social uma ritualização e celebração dos eventos naturais e das estações.

Recentemente, muitos pesquisadores têm considerado que o Xintoísmo teve seu estabelecimento como um culto ao *kami* mais consistente só depois do contato com o Budismo, tendo se tornado uma religião independente somente após a restauração Meiji, em 1868. O Xintoísmo evoluiu como uma forma de se estruturar, de se diferenciar e também de se mesclar ao Budismo, que ainda é entendida como uma religião estrangeira ao Japão. Se para alguns o Xintoísmo vem desde a pré-história, sendo base para uma orientação nacionalista na política japonesa e dando um sentido mítico para a identidade étnica, para outros o Xintoísmo, como conhecemos hoje, é uma tradição que foi criada somente depois de 1868. Os estudiosos que defendem essa última linha apontam em especial que o nome *Shintō* era usado de forma bastante diferente antes da época Meiji, não caracterizando uma tradição religiosa independente, mas sim como um termo chinês, tomado de empréstimo com o objetivo de designar práticas bem mais específicas e localizadas de um culto aos *kami*.

Em tempos mais recentes, o Xintoísmo tem buscado um processo de internacionalização de sua divulgação e uma busca de renovação de sua imagem, em especial a partir de uma espiritualidade ecológica, baseada na observação da natureza e na reverência para com ela. Essa recente evolução se dá a partir de muitas vias, mas as principais são uma busca de divulgação no exterior dos santuários xintoístas japoneses e florestas associadas, defendendo uma perspectiva de harmonia. O Xintoísmo é, na época contemporânea, também uma presença bastante frequente nos desenhos (anime) japoneses. Isso se dá em muitos casos por uma reinterpretação e adaptação de conteúdos mitológicos, algo que atrai jovens de todo o mundo, que absorvem conceitos xintoístas sem associá-los à religião. Outra fonte importante de influência do Xintoísmo se dá a partir das novas religiões japonesas, como *Seichō no Ie* e *Igreja Messiânica*, que têm uma presença bastante destacada no Brasil.

MITOLOGIA E RITUAIS

Kami

Kami é o conceito mais importante do Xintoísmo, podendo ser traduzido por "deus" ou "deusa", ou mesmo "deuses" ou "deusas" de uma forma geral, um termo que, entretanto, não pode ser confundido com o termo "Deus" das religiões monoteístas. Na língua japonesa não há distinção de gênero ou plural nas palavras, também não há maiúsculas ou minúsculas, por isso o uso aqui da palavra *kami* em minúsculas não tem nenhuma conotação de valor, servindo somente como uma forma de diferenciação. Uma tradução alternativa de *kami* poderia ser "espírito divino".

Talvez a forma mais resumida de mostrar a diferença dessa ideia de deuses no Xintoísmo é ressaltar que, desde uma perspectiva das religiões monoteístas, o Xintoísmo é considerado um politeísmo animista. Como politeísmo ("vários deuses"), há no Xintoísmo várias divindades, sem uma hierarquia clara e sem um princípio abstrato e único que represente onipotência, onisciência, onipresença e bondade, para citar alguns atributos mais comumente associados a Deus nas religiões de origem ocidental. Os *kami* inclusive podem morrer e se decompor como mortais e alguns *kami* são humanos. Nessa tradição não há divisão fácil entre o que é animado e inanimado, cultural e natural, humano e divino. Em vez disso, o entendimento é que toda a criação é uma expressão de poderes espirituais. No Xintoísmo, todas as coisas estão ligadas espiritualmente, e é natural, portanto, tentar se relacionar com esse mundo espiritual da melhor forma possível. O poder espiritual não é distribuído igualmente, mas pode ser reconhecido como especialmente poderoso em alguns fenômenos particulares que são os *kami*.

Como animismo, o Xintoísmo tem muitas divindades associadas a lugares da natureza, fenômenos climáticos ou mesmo objetos. Essas divindades têm atributos da natureza e características humanas, inspirando admiração e devoção por seu aspecto raro ou diferente do comum. Isso se dá não só por sua beleza, mas também pelo seu aspecto terrível e assustador. Uma rocha de formato raro equilibrada no mar, uma árvore centenária, animais da floresta ou mesmo um tufão ou trovão são representados através de deuses. Diz-se ser incontável o número de *kami* existentes no Xintoísmo.

Não há nenhuma doutrina específica e bem demarcada no Xintoísmo, havendo muitas variações locais e individuais no entendimento sobre os *kami*. Ao contrário de uma religião com um fundador histórico ou com base em um texto sagrado específico, o Xintoísmo entende que os *kami* simplesmente existem, em geral associados a um fenômeno incomum, entendido espiritualmente, muitas vezes relacionados a local geográfico, a antepassado do clã, a figura histórica ou nacional. Outras forças espirituais menos importantes são reconhecidas, como elementos perigosos como os espíritos de raposa (*kitsune*) e espíritos das árvores (*tengu*). Os *kami* podem ser levados a se comunicar conosco por meio de médiuns, de forma a explicar seu comportamento e receber oferendas. Em ocasiões especiais, o *kami* também pode usar de outros meios para enviar uma mensagem importante aos humanos, tomando formas inteligíveis para nós e alimentando os seres humanos através de uma rica mitologia de contos e lendas de fundo espiritual.

Como religião primordial nativa do Japão, um dos *kami* mais reverenciados é *Amaterasu*, que é a deusa do Sol e ancestral mitológica da família imperial japonesa. Em termos de mitologia comparada, pode-se observar que em muitas culturas o sol, base em termos de fonte de energia (direta ou indiretamente) para todas as formas de vida na terra, é em geral representado por um princípio masculino, sendo a lua em geral um princípio feminino. No Xintoísmo, temos o contrário, talvez uma reminiscência da época em que o matriarcado parecia ser prevalecente no Japão (era *Jomon*).

A mitologia associada a *Amaterasu* será descrita com mais detalhes em itens a seguir, mas aqui vale ressaltar o importante papel do sol como símbolo do Japão que, em sua forma antropomórfica, é representado pela *kami Amaterasu*. Em japonês, Japão é *Nihon* (ou *Nippon*), que escrito em caracteres japoneses é 日本, significando "sol nascente" ou "base, fundamento do sol". Daqui deriva a expressão "terra do sol nascente", designativo que foi historicamente adotado na China para o nome das ilhas ao leste. O Japão era a terra onde o sol nascia a partir da perspectiva da China continental, mas também o sol sempre representou uma base mitológica importante para o povo japonês e para a família imperial. O sol também aparece em destaque na bandeira japonesa.

Além dos deuses principais do Xintoísmo, de origem mitológica, continuamente são adicionados novos *kami* ao panteão, derivados da sacralização de lugares geográficos e de figuras históricas. Dessa forma, por exemplo, o imperador Meiji (1868-1912), que foi bastante importante na modernização do Japão e em sua abertura para o mundo, é a divindade principal de um grande santuário em Tóquio, o Meiji Jingu. O mesmo ocorreu com Ieyasu, o primeiro xogum Tokugawa (1543-1616) que é cultuado na cidade de Nikko, província de Tochigi.

Além de fenômenos da natureza e regentes do Japão, outras personalidades locais e figuras históricas também podem se tornar *kami*, algumas vezes com uma história por trás associada à pacificação de um espírito, através do culto. O famoso *kami Tenjin*, por exemplo, é o espírito do erudito Sugawara Michizane do século IX, que teve um reconhecimento público bastante elevado, mas foi vítima de uma intriga política. Ao final, ele foi banido para a ilha de Kyushu e lá faleceu. Pouco depois, catástrofes acometeram o imperador Heian em Kyoto e supôs-se que o espírito de Michizane estivesse por trás desses acontecimentos inóspitos, como uma forma de vingança do mundo espiritual. Para que seu espírito fosse pacificado, o imperador ergueu um santuário para o espírito de Michizane, que logo foi reconhecido como o protetor do aprendizado e da erudição. Seu culto se espalhou por todo Japão, em especial porque estudantes visitam regularmente os santuários Tenjin para serem bem sucedidos nas provas.

Os *kami* no Japão podem ser altamente sincréticos. Um dos melhores exemplos é a deusa da água *Benzaiten*, uma das divindades mais complexas do Japão, tendo sido fundida e associada a outras divindades dos panteões hindu e budista. Sua adoração no Japão é difundida especialmente entre os budistas esotéricos e os santuários xintoístas associados a essa linhagem budista. Suas muitas formas variam de uma bela deidade tocando música a uma divindade marcial de oito braços segurando armas, uma monstruosa cobra de três cabeças e uma representação divina de *Amaterasu*. Dragões e serpentes são seus mensageiros e avatares. Hoje *Benzaiten* é uma das divindades mais populares do Japão e ela continua desempenhando vários papéis, como a musa dos artistas japoneses e uma divindade agrícola invocada para chuvas e colheitas abundantes. *Benzaiten* também exemplifica uma forma única de apropriação japonesa do Hinduísmo, além da sua associação com o Budismo de muitas maneiras. Originalmente uma deusa hindu chamada *Sarasvatī*, representando um rio, ela foi apresentada ao Japão (via China) em meados do século VII, como uma defensora do Budismo e da organização estatal. Em tempos posteriores, ela foi associada a seu significado original relacionado com a água e apropriada nos cultos aos *kami*, tornando-se a divindade nativa da riqueza e da boa fortuna, estando especialmente associada às artes.

Benzaiten é a única mulher dos chamados Sete Deuses da Boa Fortuna do Japão, encontrados no Xintoísmo popular, que são também um exemplo de sincretismo e especificidade em sua ação, atendendo a grupos específicos. Essas sete divindades têm suas origens principalmente como antigos deuses da sorte de religiões populares no Japão, três tendo sua origem no Budismo

Mahayana (*Benzaiten, Bishamonten, Daikokuten*) que veio da China para o Japão, mas se originou na Índia. Três desses deuses da sorte derivam do Taoísmo (*Fukurokuju, Hotei, Jurojin*) e somente em um caso (*Ebisu*), pode ser identificada uma ascendência japonesa nativa. Muitos *kami* têm uma relação com prosperidade em relação a uma atividade específica, e nessa classificação os sete deuses são separadamente entendidos como patronos dos negócios (*Ebisu* e *Daikokuten*), da ciência (*Fukurokuju*) e das artes (*Benzaiten*), entre outras atividades.

Outro ponto importante de diferenciação em comparação com as religiões monoteístas, é que os *kami* não são sempre moralmente benévolos, como também não são benéficos (a partir da perspectiva humana) alguns fenômenos naturais como terremotos, tufões ou tsunami. Uma deidade ambígua, nesse aspecto, é o *kami* chamado *Inari* que é um *kami* da prosperidade, especialmente relacionado com o cultivo do arroz e do chá. Uma divindade complexa e multifacetada amplamente adorada em todo o Japão há mais de mil anos, *Inari* é retratado de várias maneiras, como ente masculino, feminino e andrógino. Embora o papel de *Inari* tenha mudado com o tempo, *Inari* é talvez mais conhecido por causa de sua associação com raposas, chamadas *kitsune*, que agem como mensageiros de *Inari* e recebem proteção em troca.

Origem do Cosmos e do Japão

A mais alta divindade xintoísta é considerada, a deusa Sol, *Amaterasu*, que tem um papel de destaque como o antepassado primevo do povo japonês e é a divindade que deu início à família imperial. Ela é cultuada especialmente em *Ise Jingu* (santuário de Ise), um dos lugares considerados mais sagrados do Japão.

As origens do culto a *Amaterasu* se confundem com o início do próprio Xintoísmo. A princípio, surgindo a partir de lendas relacionadas à família imperial, a mitologia associada foi inicialmente compilada por ordem do imperador Tenzu (regente de 673 até 686 d.C.). É dessa época que surgem os dois clássicos principais da mitologia antiga do Xintoísmo, o *Kojiki* (Relatos do tempo antigo, 712 d.C.) e o *Nihongi* (Crônicas do Japão, também conhecido como *Nihon shoki*, 720 d.C.). Ambos contêm uma seção com o título "livro da época dos deuses" (*jindai no kan*), que detalha os acontecimentos da criação do céu e da terra até a fundação do Japão como nação a partir do lendário imperador Jimmu.

Segundo as fontes do *Kojiki* e do *Nihongi*, *Amaterasu* é a filha do deus céu *Izanagi-no-mikoto* e de *Izanami-no-mikoto*. O Xintoísmo assume um universo como caos inicial e depois uma progressiva separação dos elementos, com o surgimento de deuses sem forma, e em seguida o surgimento de deuses com forma humana. *Izanagi* e *Izanami* são deuses que emergiram em forma humana e criaram a partir de sua união as ilhas do Japão, além de seus deuses e deusas.

Segundo a mitologia, ao parir o deus do fogo *Kagutsuchi*, *Izanami* sofreu graves queimaduras e faleceu. *Izanagi* não conseguiu superar a perda de *Izanami* e buscou resgatá-la da terra dos mortos, que ficava no submundo. Para voltar com *Izanagi*, *Izanami* precisava da autorização do grande deus dos mortos e pediu para que *Izanagi* esperasse do lado de fora da caverna. *Izanagi* deveria aguardar a volta de sua amada, mas não aguentou e seguiu pela caverna que levava ao país dos mortos, vendo então *Izanami* com seu corpo decomposto e coberto de vermes. *Izanami* ficou furiosa e enviou demônios para perseguir *Izanagi*, que conseguiu fugir da caverna e afugentar os maus espíritos que o perseguiam com os frutos de um pessegueiro. Ao final, *Izanagi* foi fazer uma purificação com água corrente de um rio, de forma a se descontaminar de seu contato com os mortos.

O pano de fundo desse mito, que terá um grande impacto posterior nos rituais e na visão de mundo xintoístas, diz respeito aos tabus associados à morte, bem como a batalha entre os humanos, que estão do lado da vida, e o submundo da morte. *Izanami* promete amaldiçoar a terra de *Izanagi*, fazendo morrer 1.000 pessoas por dia. *Izanagi*, por sua vez, promete fazer nascer 1.500 pessoas por dia, iniciando-se assim o ciclo de vida e morte. Três características importantes do Xintoísmo popular surgem com essa fuga: a proibição em geral de interação com os mortos, que são considerados impuros e não devem ser tocados, o papel simbólico dos pessegueiros e de outros elementos para afugentar maus espíritos (elemento bastante presente no folclore japonês a partir da figura de *Momotaro*) e a importância da purificação ritual com água, que é comumente realizada antes de se entrar nos santuários xintoístas.

Do banho purificador de *Izanagi*, surgiram diversos deuses; os mais importantes são: *Amaterasu* (deusa do sol, que nasceu do olho esquerdo de *Izanagi*), *Tsukiyomi* (deus da lua, que nasceu do olho direito de *Izanagi*) e *Susano-o* (deus da tempestade, que teve origem no nariz de *Izanagi*). *Izanagi* deu a *Amaterasu* a responsabilidade de reinar sobre o céu e a terra, enquanto *Susano-o* teria o mar como seu domínio. *Susano-o*, descontente por reinar somente sobre o mar, desafiou sua irmã *Amaterasu* e a assustou. Ela se recolheu em uma caverna localizada em Takachiho, na ilha de Kyushu, e com isso deixou a terra escura. Ela só saiu quando foi atraída e ficou curiosa por causa de uma dança cômica e erótica, chamada *kagura*, que até hoje é importante no Xintoísmo e faz parte das artes tradicionais japonesas.

Atualmente, *Amaterasu* é importante não só por ser a deusa do sol e da fertilidade, mas também porque ela é a antepassada direta do primeiro imperador japonês, o imperador Jimmu (Jinmu Tennō), nascido em 660 a.C. e falecido em 585 a.C. de acordo com o *Kojiki* no calendário tradicional japonês. Jimmu foi o fundador mítico do Japão e é o primeiro imperador mencionado nas listas tradicionais de imperadores da casa imperial, que com isso tradicionalmente baseia sua reivindicação ao trono a partir da descendência de Jimmu. Apesar de existirem questionamentos sobre a existência real de Jimmu, dado que o registro histórico só pode ser comprovado a partir do décimo imperador japonês, a casa imperial japonesa é considerada a mais antiga monarquia em funcionamento no mundo e o imperador Jimmu é tradicionalmente venerado em um mausoléu no monte Unebi na prefeitura de Nara.

Rituais e Festivais

Especialmente em estudos de religião, é muitas vezes mais importante observar o que as pessoas fazem ao invés do que elas dizem acreditar. Isso é especialmente relevante para uma religião como o Xintoísmo, que se coloca como uma religião sem doutrina, estando fortemente baseada no ritual. Nesse sentido, o conceito de pureza é fundamental para a tradição xintoísta e o principal meio de purificação nessa tradição é a prática ritual. Como se poderia esperar, o tipo mais comum de ritual envolve limpeza física ou simbólica de si mesmo ou de um objeto que vai interagir com os *kami*. Muitos rituais têm a ver com o fato de se manter uma relação pacífica e harmônica com os *kami*, para que se possa evitar consequências de má sorte ou infortúnio, que ocorrem em casos de negligência ou desrespeito para com os *kami*. A purificação é feita em geral com água a partir de lavagem, enxágue e banho, lembrando a mitologia da purificação de *Izanagi* depois de ir ao mundo dos mortos. Isso pode ser visto já na entrada de um santuário xintoísta, onde uma das ações preliminares é a purificação das mãos e da boca, representando a busca de limpeza do corpo e sinceridade nas palavras, para que só então se possa iniciar a relação com os *kami*. Outros rituais comuns incluem a leitura formal de orações e fazer oferendas de alimentos e bebida aos *kami*, oferendas que não são desperdiçadas, sendo mais tarde compartilhadas em uma refeição comunitária.

Os rituais xintoístas são um componente central da maioria dos festivais nacionais no Japão, bem como são os eventos mais esperados em santuários e outros locais sagrados. Os maiores rituais são em geral parte de um tipo de grande festival público chamado *matsuri*, que é o principal tipo de celebração coletiva no Xintoísmo. *Matsuri* são festivais voltados para a comunidade, que marcam estações na natureza, o ano novo, florada de crisântemos e de cerejeiras, eventos das mitologias xintoístas, acontecimentos da história japonesa, tradições agrícolas e muito mais. Os *kami* são convidados a permanecer junto aos seres humanos durante os *matsuri*; por isso esses festivais começam, em geral, com um convite dos sacerdotes, de costas para o povo, em direção aos *kami*, convidando-os a comparecer; ao término do festival, ocorrem as despedidas sacerdotais e a partida dos *kami*.

Na maioria das vezes, esses e outros rituais são executados por sacerdotes que são assistidos por uma das auxiliares do santuário chamadas *miko*, que geralmente são jovens do sexo feminino e que podem ter uma aproximação com o Xamanismo. Os rituais em geral são projetados para comunicação com os *kami*. Às vezes, essa comunicação é unilateral (do humano para o *kami*), em que as pessoas agradecem, fazem pedidos e elogiam os *kami*. Em outras ocasiões, essa comunicação é bidirecional (de humano para os *kami* e dos *kami* para os seres humanos). Nesse último caso, as pessoas costumam usar os sacerdotes ou as *miko* como mediadores na comunicação com os *kami*, de forma a obter respostas a questões importantes ou para buscar soluções para problemas da vida.

Outros rituais xintoístas são realizados durante festivais menores, mais locais ou mesmo privados. Eles marcam estágios da vida como casamento, nascimentos e ritos de passagem nos primeiros anos de vida de uma criança. Funerais são, em geral, praticados como uma cerimônia budista pelos japoneses. A morte é considerada por alguns textos xintoístas como algo impuro, a exemplo do mito de *Izanagi* e *Izanami*.

Também existem rituais comuns individuais, quando por ocasião da visita a um santuário. A visita consiste, em geral, em uma lavagem ritual prévia, realização de oferendas e um chamado aos *kami*, começando por batimento de palmas e reverências. Os *kami* são geralmente convocados puxando-se uma corda que faz soar um sino do lado de fora do santuário. Faz-se uma pequena oferta em dinheiro seguida por duas palmas, uma curta oração silenciosa e duas reverências, mas a variação é tolerada e esse procedimento é mais longo e ligeiramente diferente nos santuários mais importantes. As atitudes do devoto sempre têm os *kami* como o público principal. Ao redor dos santuários costumam ser vendidos amuletos de proteção (*omamori*) e tabuletas (*ema*) para que os devotos realizem seus pedidos aos *kami*.

A purificação ritual não tem a ver só com rituais coletivos e coisas externas, eles fornecem para os xintoístas um meio de encontrar e recuperar, também na vida interior, o que é considerado divino e traz harmonia e ordem. Nesse encontro humano com o mundo, a natureza é entendida como criadora e vivificante (*musubi*), sendo uma força geradora vital que busca criar e conectar harmoniosamente os humanos com um mundo que muitas vezes parece caótico.

Esse poder vital e místico chamado *musubi* está diretamente associado aos *kami*, constituindo-se nos aspectos incomuns e superiores da natureza e da humanidade. Esses são experimentados como possuindo uma presença e potência impressionantes para os humanos, como objetos naturais no céu e na terra (corpos celestes, montanhas, rios, campos, mares, chuva e vento), além de grandes pessoas, heróis ou líderes. Nessa concepção xintoísta alicerçada no processo vital da interpenetração entre *musubi* e a natureza, nós, seres humanos, podemos ser interrompidos e separados dessa energia. Nessa tradição, a expressão mais comum dessa sensação de obstrução é o termo "poluição", aqui o contrário da "pureza", que também é caracterizada pelo estado de criatividade.

A ação reparadora é realizada pelos humanos para combater os poderes que obstruem ou poluem o poder vivificante de *musubi* e *kami*. Existem vários meios para se conseguir isso, mas esse combate se dá principalmente por meio de ações rituais como liturgias formais conduzidas por sacerdotes, práticas ascéticas (*misogi*) envolvendo água como cachoeiras, e também a partir de grandes festivais públicos. Todas essas atividades variadas são concebidas no sentido de livrar as pessoas e coisas da "poluição" (*tsumi*), a fim de restabelecer a "pureza". *Tsumi*, nesse sentido, é algo sujo que pode ser lavado pela ablução e lustração, o que é denotado pelo termo *misogi harai*. Isso também se aplica às realidades interiores do pensamento e da intenção humanos: o coração puro é aquele que não é "sujo", um coração limpo e brilhante que nada esconde, como um espelho. Essa condição estética da beleza no Xintoísmo é inseparável de uma condição de pureza restaurada e da comunhão com o *kami*, ou seja, com as "potências incomuns" do próprio processo criativo associado a *musubi*. Nesse estado de pureza, a pessoa está conectada à ordem e harmonia sagrada da natureza como um todo.

Outro importante aspecto dos rituais xintoístas no Japão é sua associação com o ciclo agrário e com a cultura do arroz. No Japão antigo, o arroz em fartura era privilégio somente das elites, mas se tornou a principal e mais comum fonte de alimento dos japoneses. Produtos secundários do arroz estão presentes no cotidiano japonês e são responsáveis por diversas características culturais específicas. Isso se apresenta, por exemplo, do ponto de vista linguístico, uma vez que arroz (*gohan*) também designa refeição em geral. De fato, almoço pode ser traduzido como *hiro gohan* (literalmente "arroz da manhã") e jantar pode ser traduzido como *ban gohan* (literalmente "arroz da tarde"). Como comparação, no português do Brasil, usamos os termos "café da manhã" e "café da tarde".

Na época antiga, a *wara* (palha feita da planta do arroz) foi um dos materiais mais importantes da história cultural japonesa, não só usada na obtenção de utensílios práticos como tatame, sandálias e chapéus, mas também na arte e em objetos rituais. Alimentos vindos do mar também tiveram um papel importante na dieta e nas religiões japonesas, principalmente porque a carne foi durante muito tempo considerada um item proibido na alimentação. Além da geografia montanhosa do Japão não ser adequada à pecuária, a interdição do consumo de carne no Japão vigorou até a segunda metade do século XIX, por causa de preceitos budistas. Esses preceitos budistas tinham se transformado em uma legislação que depois foi abandonada pela sociedade japonesa. Em decorrência desses fatores, os peixes e frutos do mar são itens comuns na alimentação japonesa, muitas vezes crus ou conservados, frequentemente em pratos envolvidos em arroz, algas e outros condimentos naturais conservantes. Essa é a origem de pratos japoneses famosos como *sushi* e *sashimi*: para que fossem conservadas, fatias de peixe cru eram embaladas com algas marinhas secas e arroz temperado em vinagre de arroz, sal, saquê e outros condimentos.

O papel especial do arroz e do sal que aparece em diversos mitos e ritos xintoístas moldam de forma estruturante os rituais anuais de plantio, colheita e purificação associados ao relacionamento com a natureza. A presença do arroz e seus derivados na mitologia xintoísta é uma constante, como, por exemplo, na devoção ao *kami Inari*, que de deus do arroz se transformou também em protetor dos negociantes, devido à associação simbólica entre arroz e riqueza. Entre as oferendas mais comuns no Xintoísmo estão o arroz cozido, o saquê (fermentado alcóolico feito a partir do arroz) e *mochi* (bolinhos de arroz batido), oferecidas aos *kami* no santuário xintoísta doméstico (*kamidana*).

Em termos rituais, como era de se esperar, por causa de seu passado agrário, no Japão o cultivo do arroz definiu ciclos da natureza que se associaram de forma estreita ao ciclo ritual anual. O cultivo do arroz se dá na estação quente, representado no ciclo ritual anual como o intervalo entre o festival da primavera (*harumatsuri, hanamatsuri*) e o festival de outono (*akimatsuri*). Esse ciclo de plantação, crescimento, colheita e descanso dos campos era interpretado de forma ritual desde a antiguidade japonesa. Praticamente todos os livros sagrados do Xintoísmo antigo, especialmente o *Nihon Shoki*, o *Kojiki* e o *Engishiki* já contêm ritos detalhados destinados a oferendas para os *kami* e festivais relacionados à alimentação. "Danças dos deuses" (*kagura*) eram destinadas a propiciar e agradecer por uma boa colheita. Essas danças, realizadas muitas vezes com um forte elemento xamânico, são consideradas as formas mais antigas de dança japonesa e estão associadas a artes tradicionais como o teatro *Nô* e o *Kabuki*. Em termos espaciais, esse ciclo agrário era interpretado como um empréstimo de uma terra que é propriedade dos deuses. Isso se reflete ainda hoje na arquitetura das vilas e das residências, mas principalmente na ocupação das terras: oferendas são prestadas aos *kami*, que são convidados a tornar o campo produtivo; no inverno, com a devolução dos campos cultivados, os campos voltam ao seu estado primitivo e os *kami* retornam à sua condição original.

Alguns desses conceitos e práticas permanecem no calendário secular, muitas vezes de forma inusitada e sem qualquer conteúdo relacionado ao ciclo agrário. Na primavera, ainda existe a cerimônia oficial de plantação da primeira muda de arroz, realizada pelo imperador. Nos últimos dias do ano, muitas comunidades locais se unem na atividade conjunta de fazer os bolinhos de arroz para o final do ano (*mochitsuki*). O final do ano é entendido como uma renovação do tempo cíclico através da limpeza e reorganização da casa para as longas festividades do ano novo, e o mesmo conceito também surge em festas mais secularizadas de final e início do ano (*obonenkai* e *seinenkai*, respectivamente).

Rituais xintoístas são também bastante importantes para a casa imperial japonesa, tendo como impacto político, nesse caso, a celebração de uma unidade étnica japonesa. Isso ocorre em especial por ocasião da entronização de um novo imperador, isso ocorreu, pela última vez, em 2019 com a subida do novo imperador Naruhito ao trono. Ele se tornou o 126º imperador do Japão e inaugurou uma nova era no país, algo que inclusive muda a contagem oficial dos anos, sendo 2019 o primeiro ano da nova era. A era *Heisei*, que pode ser traduzida como era da paz duradoura, pertenceu ao reinado do imperador anterior Akihito, enquanto que a era *Reiwa*, significando era de bela harmonia, agora marca o tempo do novo imperador Naruhito.

A passagem do trono envolve uma série de ritos e cerimônias públicas estreitamente associadas ao Xintoísmo. Em um dos ritos principais, Naruhito usou uma túnica tradicional e um alto chapéu preto tradicional para a cerimônia de entronização no Palácio Imperial, a única sala com piso de madeira e paredes revestidas de tecido com padrão *wakamatsu* (folha jovem de pinho). Ele subiu no trono de Takamikura, um elaborado pavilhão de 6,5 metros de altura coberto com ouro e laca, e sentou-se em uma cadeira almofadada com assento de palha de arroz. Esse é o trono do crisântemo, um termo que também é usado de forma mais ampla para descrever a família real japonesa. Ao lado dele, sobre uma mesa, havia uma espada e uma joia, dois dos chamados três tesouros sagrados que simbolizam a legitimidade do imperador (o último tesouro sagrado é um espelho chamado *Yata no Kagami*, que é mantido no Grande Santuário de Ise). Por último, Naruhito realizou, ao final do ano de 2019, um ritual também muito importante chamado *daijosai*, que é realizado privadamente e com muitos detalhes que não são públicos, mas no qual se supõe que ele compartilhe arroz e saquê com a deusa *Amaterasu*, unindo-se assim a seus ancestrais imperiais na reza por bons tempos para o povo japonês.

RAMOS DO XINTOÍSMO

O Xintoísmo pode ser aproximadamente classificado nos seguintes tipos principais, em função de seu tipo de doutrina e de sua estrutura organizacional: o Xintoísmo popular ou folclórico (*Minzoku Shintō*), o Xintoísmo de Santuário (*Jinja Shintō*) – que englobava o Xintoísmo de Estado (*Kokka Shintō*), e o chamado Xintoísmo sectário (*Kyōha Shintō*). Nos tempos mais modernos, surgiram diversas "novas religiões derivadas do Xintoísmo" (*Shintōkei shinshūkyō*), que são também muitas vezes descritas dentro dessa estrutura tipológica do Xintoísmo. Esses novos movimentos são especialmente importantes para as religiões japonesas no Brasil, dado que movimentos como *Seichō no Ie* e *Igreja Messiânica* se enquadram nessa última categoria e estão entre aqueles mais bem sucedidos em missões no exterior.

O Xintoísmo popular ou folclórico (*Minzoku Shintō*) é um aspecto da crença popular japonesa que está intimamente relacionado com os outros tipos de Xintoísmo e não tem uma institucionalização exclusiva, sendo considerados os princípios gerais do Xintoísmo, conforme descritos anteriormente, em especial aqueles que refletem a crença nos *kami* e os rituais de purificação. Em sua formulação mais estrita, o Xintoísmo popular, apesar de não ter uma estrutura organizacional formal nem uma doutrina específica, centra-se na veneração dos *kami* e nos ritos agrícolas das famílias rurais.

O Xintoísmo de santuário (*Jinja Shintō*), que existe desde o início da história japonesa até os dias atuais, constitui uma das principais correntes da tradição xintoísta e inclui em sua estrutura o Xintoísmo de Estado (*Kokka Shintō*), baseado na identidade total da religião e do estado, e tem relações estreitas com a família imperial japonesa. Após a derrota do Japão na segunda Guerra Mundial, o Xintoísmo estatal foi destituído e substituído pelo Xintoísmo *Jinja*, ou Xintoísmo de santuários, que agora representa a principal estrutura institucional do Xintoísmo como religião.

Além dessas vertentes que podem ser consideradas um Xintoísmo tradicional, diversas novas denominações religiosas surgiram dos ensinamentos e práticas, em geral combinadas com práticas populares e laicas, em especial revitalizando movimentos baseados em cura e conversão. Isso nos leva a mais duas categorias modernas de classificação do Xintoísmo, o "Xintoísmo sectário" (*Kyōha Shintō*) e "novas religiões derivadas do Xintoísmo" (*Shintōkei shinshūkyō*). O Xintoísmo sectário (*Kyōha Shintō*) é um movimento relativamente novo que consiste em 13 seitas principais, que se originaram no Japão por volta do século XIX, e em várias outras que surgiram após a segunda Guerra Mundial. Cada seita foi organizada em um corpo religioso por um fundador ou sistematizador. As novas religiões derivadas do Xintoísmo (*Shintōkei shinshūkyō*) caracterizam-se por ter um fundador carismático, uma forte estrutura missionária e uma organização orientada para expansão, inclusive com missões fora do Japão.

Xintoísmo de Santuários: *Kami* e Sacralização Geográfica

Com exceção da época em que o Xintoísmo foi a religião de estado (1871-1945), a influência local e de culto a personalidades e fenômenos locais sempre foi uma das características mais determinantes dos santuários (*jinja*), que se dedicam a diferentes divindades espalhadas por todo o Japão. Os santuários são o centro das atividades religiosas, em especial as relacionadas com os pedidos de proteção aos deuses e à realização de festivais. Comerciantes pedem por seu sucesso nos negócios, por exemplo, enquanto estudantes pedem aprovação em suas provas. Os xintoístas acreditam que os *kami* vivem na natureza e habitam diversos lugares sagrados nas florestas e praias. O Monte Fuji, por exemplo, é uma das montanhas mais sagradas, mas também há diversos outros lugares considerados importantes, como a cachoeira de Nachi na prefeitura de Wakayama. Algumas divindades como *Konpira*, por exemplo, estão mais associadas ao mar e à navegação, e estão mais presentes em santuários xintoístas perto do mar.

Através de uma longa tradição, espelha-se na construção dos santuários xintoístas a própria história das construções no Japão. Os mais antigos santuários eram simplesmente altares ao ar livre, onde eram trazidas oferendas e onde eram, inclusive, realizados diversos sacrifícios. Com o tempo, foram trazidas cerâmicas representando divindades para esses altares e eles foram sendo cobertos com estruturas características da época *Yayoi*.

Por volta do final do século VI, com a chegada do Budismo, houve uma forte influência estrangeira na arquitetura xintoísta, que passou a seguir um estilo mais chinês e com cores mais destacadas. Também muitos santuários estão associados desde essa época a templos budistas, muitas vezes como complementos ou anexos. Um exemplo de santuário bastante associado ao desenvolvimento do Budismo é o santuário *Kasuga Taisha* em Nara, que foi fundado por volta do ano 768, em um amplo local com muitos cervos e bastante perto de templos budistas importantes como o *Todaiji* e *Kofukuji*. O complexo formado por esses santuários e templos foi o principal centro de cerimônias e de conhecimento na época em que Nara foi a capital do Japão (710 d.C.-784 d.C.). Atrás de *Kasuga Taisha* fica a chamada floresta primeva de *Kasuga*, uma área que se estende por uma superfície de cerca de meio quilômetro e que ilustra bem a busca de um relacionamento harmônico entre os seres humanos e a natureza, a ser propiciado pelo Xintoísmo. A extração de madeira e a caça foram proibidas desde o ano 841, o que propiciou um ecossistema bastante rico bem perto da cidade, com uma grande variedade de tipos de árvores e animais selvagens.

Atualmente são construídos santuários xintoístas dos mais diversos estilos, dependendo da localização e da finalidade. Há alguns santuários em edifícios na zona urbana, mas a maioria dos santuários busca uma associação com a natureza, em particular florestas. Os santuários são visitados especialmente durante os feriados do ano novo e durante festivais locais da comunidade, chamados em japonês de *matsuri*. Os *kami* não «vivem» nos santuários e devem ser convocados educadamente. A abordagem de cada santuário é marcada por um dos vários grandes portais, ou *torii*, marcando a transição do mundo comum para o espaço sagrado xintoísta. Antes de adentrar os recintos xintoístas, é necessário enxaguar as mãos e a boca, por isso há sempre bacias e utensílios para isso, antes da entrada do santuário. Um santuário é geralmente dedicado a um *kami* em particular, mas pode hospedar qualquer número de santuários menores, representando outros *kami*, para os quais a população local também realiza rituais. Espaços sagrados ou sua entrada para eles, incluindo florestas, árvores e rochas específicas, são marcados por cordas de palha entrelaçadas ou fitas de papel comum branco, trançadas de forma elaborada.

Tradicionalmente, o sacerdócio profissional limitava-se aos grandes santuários, e a população local se revezava para assumir as funções de sacerdote. Mais recentemente o sacerdócio profissional cresceu e hoje tem cerca de 20.000 membros, dos quais 2.000 são mulheres, sacerdotisas. Com exceção dos santuários menores, esses locais estão sob a responsabilidade de uma equipe de sacerdotes (*guji*) de vários níveis, assistidos por uma equipe de meninas locais solteiras (*miko*), que realizam danças cerimoniais (*kagura*) e outros serviços. A maioria dos novos sacerdotes e sacerdotisas são agora graduados de universidades xintoístas, e frequentemente vêm de famílias que já são compostas por várias gerações de sacerdotes. Não há equivalente a líder único para todos os ramos ou santuários do Xintoísmo; cada santuário é um local independente, em especial em termos administrativos e de autonomia financeira, desenvolvendo laços locais com a comunidade. A maioria dos santuários está ligada por meio da organização nacional de santuários (*jinja honchō*), que fornece informações e serviços administrativos de representação nacional e ajuda a representar o Xintoísmo no exterior.

Em casa, os indivíduos devem venerar e entreter os *kami* mais importantes através de altares xintoístas, chamados *kamidana*, dedicados aos *kami* particularmente cultivados na família. Os *kami* apreciam a boa vontade e a preocupação desses devotos, reconhecendo seus esforços e querendo ser informados sobre eventos significativos, favorecendo com isso aqueles que os veneram e a comunidade que os sustenta.

Alguns santuários estão estreitamente associados à mitologia japonesa. Na ilha de Kyushu, ao sul do Japão, os principais santuários dessa categoria estão localizados em Takachiho, uma localidade de grande importância religiosa e turística. Conforme descrito antes, o casal divino *Izanagi no Mikoto* e *Izanami no Mikoto* desempenham um papel central na narrativa da criação do Japão. O casal se casa e dá à luz as ilhas do Japão, bem como várias importantes divindades naturais que dão forma às ilhas. Embora seja difícil determinar a partir de documentos antigos exatamente onde esses eventos teriam ocorrido, a crença local de Takachiho considera a ilha, no centro da lagoa Onokoro, perto do desfiladeiro de Takachiho, como *Onokoro Shima*, o lugar onde *Izanami* e *Izanagi* se casaram, viveram e deram nascimento às ilhas do Japão. Nessa crença, Takachiho é o lugar onde nasceu o arquipélago japonês, tanto suas formações naturais como seus habitantes.

Takachiho seria também a localidade do famoso conto mítico japonês, no qual a deusa do sol, *kami Amaterasu Ōmikami*, se escondeu em uma caverna e mergulhou o mundo na escuridão. Para atraí-la de volta, miríades de divindades *kami* encenaram um festival com música e dança do lado de fora da entrada da caverna. *Amaterasu*, perplexa e curiosa com a folia do lado de fora, abriu a porta de pedra da caverna para espiar, e as divindades aproveitaram a oportunidade para abrir a porta e arremessá-la para longe. Assim esse festival ajudou a restaurar a luz para o mundo e é até hoje encenado em Takachiho. *Amaterasu* está consagrada no Santuário *Amano Iwato* de Takachiho, local da caverna em que *Amaterasu* se escondeu e área onde os *kami* se reuniram para discutir sua estratégia para atraí-la.

Ao norte de Kyushu, na ilha de Honshu, que é a principal ilha do Japão, também está localizado o santuário de *Izumo Taisha*, que é também um dos santuários mais antigos do Japão, considerado por alguns o mais antigo e de grande importância na mitologia. O atual santuário foi construído em 1744 e é considerado um tesouro nacional, mas permanece um mistério quando o primeiro santuário foi construído nessa área. A divindade consagrada é *Okuninushi no Kami*, que na mitologia japonesa é considerada a divindade que cultivou e construiu o Japão. As virtudes divinas de *Okuninushi no Kami* são principalmente romance, casamento, medicina e agricultura. Um dos santuários xintoístas mais importantes do Japão, *Izumo Taisha* é considerado o lugar onde todos os deuses se encontram todos os anos em outubro (*Kamiarizuki* ou o "mês com deuses").

Em termos de importância nacional, os santuários de Ise, na província de Mie, são considerados os mais importantes no Japão, por estarem estreitamente associados ao culto imperial e a *Amaterasu*. A principal sacerdotisa é tradicionalmente um membro feminino da família imperial e está em *Ise-jingu*, um dos três tesouros da família imperial, um espelho sagrado, que é um dos símbolos xintoístas mais importantes de *Amaterasu*. O complexo é distribuído em duas áreas principais, cada uma com várias construções associadas a *kami* específicos, áreas de visita e rituais, bosques, e até o rio Isuzugawa, que corta a região.

O Santuário Externo (*Gekū*), formalmente conhecido como *Toyouke Daijingu*, é um dos dois santuários principais que compõem os Santuários Ise, na cidade de Ise. O Santuário Externo consagra *Toyouke Omikami*, a divindade xintoísta guardiã da comida, habitação e roupas. *Toyouke* fornece o alimento para a Deusa do Sol, *Amaterasu Omikami*, que está consagrada no Santuário Interno, quatro quilômetros ao sul. O Santuário Externo é tradicionalmente visitado antes do Santuário Interno por estar mais perto da estação de trem. Acredita-se que o Santuário Externo tenha sido estabelecido há mais de 1500 anos, cerca de 500 anos após o Santuário Interno, formalmente conhecido como *Kotai Jingu*. O Santuário Interno consagra a divindade mais venerada do Xintoísmo, a Deusa do Sol (*Amaterasu Ōmikami*), e é considerado o santuário mais sagrado do Japão. Acredita-se que o Santuário Interno tenha sido estabelecido há mais de 2.000 anos e seus prédios principais lembram antigos celeiros de arroz, construídos em um estilo arquitetônico que quase não mostra praticamente nenhuma influência do continente asiático, porque são anteriores à introdução do Budismo. Ambos, o santuário interno e externo, são reconstruídos do zero a cada 20 anos, de acordo com uma antiga tradição xintoísta. A 62ª reconstrução foi concluída em 2013, portanto, em 2033 deve ser realizada a 63ª reconstrução.

Xintoísmo de Estado e Nacionalismo

Apesar de uma relação bastante direcionada ao mundo natural, o relacionamento dinâmico com a natureza e os *kami* sempre teve como eixo importante a perspectiva étnica. Isso foi mostrado anteriormente no aspecto mitológico e na importância do mito comum de origem, o que inclui além das ilhas japonesas, também os antepassados míticos que deram origem à família imperial. Essa tendência nacionalista encontrou seu ápice no que se convencionou chamar de Xintoísmo de estado, a religião oficial nacionalista do Japão, desde a Restauração Meiji em 1868 até a Segunda Guerra Mundial, que se centrou em cerimônias da casa imperial e em uma educação obrigatória cívica nas escolas, que incluía o cultivo de um espírito nacionalista japonês com fortes contornos xintoístas. Nessa época, a administração dos mais de 100.000 santuários xintoístas do país foi realizada pelo governo e o status divino do imperador foi promovido pelas autoridades políticas. O estado japonês pré-guerra distinguia as cerimônias religiosas da corte imperial e dos santuários associados, considerando esses como educação cívica e não como religião.

O Xintoísmo de Estado foi fundado a partir da origem mítica do Japão e de seu governo desde a antiguidade pelos descendentes de *Amaterasu*, que são a família imperial.

Tradicionalmente, os *kami*, o imperador japonês, os cidadãos e a nação eram todos considerados descendentes de ancestrais comuns, e a prosperidade de todos era assegurada pela harmonização entre a política de governo e a vontade dos deuses. No japonês antigo, a mesma palavra (*matsurigoto*) era usada para se referir a ritos religiosos e ao governo. Alguns usam o termo *kōdō* (Caminho Imperial) para designar essa conduta política ideal, considerando o culto oficial do imperador a *Amaterasu Ōmikami* e aos deuses do céu e da terra como condições fundamentais de governo.

O poder do imperador foi ofuscado por governantes militares no período medieval japonês e, com isso, o Xintoísmo perdeu espaço, tendo sido colocado em segundo plano nesse período dominado pelo Budismo e pelo Neo-Confucionismo. Em meio às complexas mudanças sociais e culturais que acompanharam a modernização do Japão durante o período Meiji (1868–1912), o governo começou a institucionalizar o Xintoísmo, assumindo o controle dos santuários. Posteriormente, foi estabelecido um ministério de governo específico sobre o tema, adotando políticas restritivas contra as outras religiões, incluindo movimentos de seitas dentro do próprio Xintoísmo. Embora a constituição de 1889 incluísse uma garantia nominal de liberdade religiosa, a reverência aos santuários xintoístas e à família imperial era considerada o dever patriótico de todos os japoneses das mais diversas religiões.

Enquanto a Constituição Meiji de 1889 afirmava que o "imperador é sagrado e inviolável", após a Segunda Guerra Mundial o cenário mudou para o imperador do Japão e para a família imperial em geral, trazendo um fim para a política voltada ao Xintoísmo de Estado. Sob pressão das potências aliadas, em 1º de janeiro de 1946, o imperador Hirohito foi forçado a renunciar formalmente à sua divindade. As mudanças provocadas pelos poderes aliados também se refletiram na Constituição de 1947. Essa mudança constitucional privou o imperador de poderes nominais e ele assumiu a posição de chefe de estado, sem muito envolvimento na gestão do governo. Embora a família imperial japonesa ainda seja profundamente respeitada e tenha significado para o Japão e seu povo, isso não se traduz mais como um Xintoísmo de Estado. A separação entre religião e estado foi mantida na constituição do pós-guerra e a maioria dos santuários administrados anteriormente pelo governo se reorganizou como um Xintoísmo baseado em comunidades locais.

O tema da relação entre religião e estado continua bastante polêmico no Japão e na região, dado que o Xintoísmo tem a possibilidade de sempre oferecer uma simbologia nacionalista, que tem um papel político importante, tanto nas disputas internas à sociedade japonesa quanto na geopolítica da região. Recentemente esse papel de um Xintoísmo nacionalista tem sido associado às visitas de políticos japoneses ao santuário de *Yasukuni* em Tóquio, onde são cultuados os heróis de guerra. Essas visitas frequentemente provocam protestos de países como a China e a Coreia, que foram marcadas por várias guerras promovidas pela política expansionista do Japão na época do Xintoísmo de Estado.

Xintoísmo Sectário

O termo "Xintoísmo sectário" é usado para indicar as treze seitas do Xintoísmo da era pré-guerra, enquanto o termo "novas religiões derivadas do Xintoísmo" é normalmente utilizado para se referir a movimentos que, embora incluam elementos do Xintoísmo tradicional e sejam influenciados por ele, têm os elementos de uma religião com um fundador, uma religião cuja origem pode ser rastreada até os ensinamentos de uma figura carismática específica. Os treze movimentos sectários xintoístas considerados independentes são os seguintes, em ordem de fundação: *Kurozumikyō, Shintō Shūseisha, Izumo Ōyashirokyō, Fusōkyō, Jikkōkyō, Shinshūkyō, Shintō Taiseikyō, Ontakekyō, Shintō Taikyō, Misogikyō, Shinrikyō, Konkōkyō* e *Tenrikyō*. *Konkōkyō* e *Tenrikyō* podem ser consideradas religiões com fundadores, apesar de serem parte do Xintoísmo sectário.

Recentemente foram feitas tentativas de classificar as treze seitas acima mencionadas como xintoístas sectárias ou como novas religiões derivadas do Xintoísmo com base em suas características doutrinárias e de organização. Os movimentos categorizados como xintoístas sectários são considerados seitas que se desenvolveram na era moderna enquanto extraem influências e têm profundas conexões com as práticas, rituais e ensinamentos do Santuário *Shintō*, bem como as doutrinas desenvolvidas sob o nome de aprendizado nacional moderno (*Kokugaku*) e Restauração *Shintō* (*Fukko Shintō*). De acordo com essa categorização, a maioria das treze seitas seria classificada como xintoísta sectária, ainda que *Konkōkyō* e *Tenrikyō* seriam mais apropriadamente vistas como novas religiões derivadas do Xintoísmo, por terem fundadores e uma organização em forma de árvore e orientada ao proselitismo.

O desenvolvimento do Xintoísmo sectário emergiu do florescimento dos movimentos *Kokugaku* e *Fukko Shintō* durante a última parte do período *Tokugawa*, e se baseou em novos desenvolvimentos no culto às montanhas, centrado em picos como Fuji e Ontake. Sua formação também foi muito estimulada pelas políticas religiosas do governo Meiji. Inicialmente, o governo Meiji buscou promover uma forma de ensino centrado no estado por meio de um sistema nacional de instrutores religiosos e preceptores morais. Percebendo as limitações dessa estratégia, isso mudou, a partir do final da década de 1870, para uma política de separação das religiões e estado. Nessa política, os santuários foram designados como locais para a realização de rituais do Estado, enquanto outras religiões e instituições foram colocadas em uma categoria à parte, para separar a esfera política da religiosa. Isso produziu, dentro do Xintoísmo, uma divisão entre uma forma de Xintoísmo centrada em rituais públicos e outra mais independente. O primeiro deu origem ao sistema moderno de ritual *kami*, centrado em santuários descritos acima, enquanto o último deu origem ao Xintoísmo sectário e sua organização sistemática em grupos. Quando uma organização religiosa se desenvolve a partir da tradição xintoísta, ela enfrenta um grande obstáculo para explicar suas doutrinas. Entre os movimentos xintoístas sectários, existem numerosos exemplos de grupos baseando sua posição na fé tradicional politeísta centrada no *kami*, enquanto consagram e veneram uma ou mais divindades especificamente selecionadas. Além disso, era bastante comum que tais grupos usassem práticas tradicionais como encantamentos mágicos e adivinhação em suas atividades de proselitismo.

Novas Religiões derivadas do Xintoísmo

O surgimento de novas religiões derivadas do Xintoísmo também começou durante o final do período *Tokugawa*. *Kurozumikyō* é amplamente considerada a organização pioneira nesse aspecto. *Misogikyō*, *Konkōkyō* e *Tenrikyō* surgiram durante os últimos anos do período *Tokugawa*, embora não tenha sido até meados do período Meiji que *Konkōkyō* e *Tenrikyō* começaram a desenvolver doutrinas e estruturas organizacionais, e a expandir seu seguimento. No século XX, várias outras novas religiões derivadas do Xintoísmo surgiram, baseando-se nas influências, tanto materiais quanto espirituais, dos ensinamentos, estruturas, atividades de proselitismo, dessas primeiras novas religiões.

As novas religiões derivadas do Xintoísmo diferiam das seitas xintoístas na distância que mantinham de um tradicional santuário xintoísta e em sua natureza como religiões fundadas, em vez de movimentos de reforma. Podemos especificar essa distinção concentrando-nos em dois pontos: a presença de um fundador e a natureza da estrutura organizacional em forma de árvore, com uma sede central e filiais sob um controle relativamente rígido. Um fundador é uma figura que propaga uma religião que pode ser chamada de "nova", embora esta denominação possa ser relativa. Um fundador não apenas estabelece uma nova organização com um novo nome, mas também cria novos ensinamentos, novos ritos e novas atividades. As novas religiões derivadas do Xintoísmo sempre têm uma figura fundadora clara, sob cuja liderança o movimento iniciou suas atividades. Dentro do espectro das seitas xintoístas, no entanto, as pessoas que atuam como fundadores das seitas nem sempre desempenharam um papel na organização da seita e em alguns casos, o fundador nem mesmo esteve no centro do movimento desde o início.

De acordo com esses critérios, nós podemos descrever Nakayama Miki como a fundadora da *Tenrikyo*. Nakayama Miki (1798-1887) experimentou uma conversão religiosa em 1838, quando a divindade *Tenri-o no Mikoto* começou a falar através dela; mas ela não começou a propagar sua fé até a década de 1850. Ela cresceu em uma família do Budismo da Terra Pura, mas depois de sua possessão, ela se convenceu fortemente de que era um "templo de Deus". Seu grupo enfrentou restrições e perseguições, assim que o número de seguidores começou a crescer e as confrarias começaram a se espalhar. O rápido crescimento da *Tenrikyō* é típico do desenvolvimento de novas religiões derivadas do Xintoísmo a partir da metade do período Meiji. Nakayama Miki morreu em 1887, mas em apenas uma década de sua morte, o número de seus seguidores aumentou dramaticamente, e o grupo se tornou o foco de muitas discussões na sociedade.

O surgimento da *Ōmoto* nesse mesmo período também foi importante. Esse movimento, que se consolidou quando Deguchi Nao conheceu Deguchi Onisaburō, teve grande influência nas novas religiões derivadas do Xintoísmo. Embora a força da *Ōmoto* como organização religiosa tenha sido severamente minada por ter sido duas vezes reprimida pelo governo (em 1921 e 1935), a influência de seu pensamento se estendeu para muitas organizações religiosas, e se tornou o progenitor de um grupo de movimentos conhecido como as novas religiões da linhagem *Ōmoto*. Assim, influenciado pelo pensamento de Deguchi Onisaburō, Taniguchi Masaharu fundou a *Seichō no Ie* e Okada Mōkichi estabeleceu o *Dai Nihon Kannonkai* (o precursor da *Sekai Kyūseikyō* ou *Igreja Messiânica*) durante o início do período *Shōwa* (ou seja, entre 1925 e 1945).

No período *Taishō* (1912-1926) e no início do *Shōwa*, um número considerável de novas religiões derivadas do Xintoísmo se desenvolveu, mas em muitos desses casos, os grupos eram bastante limitados em tamanho. Durante esse período inicial, o estado exerceu controles progressivamente mais rígidos sobre a religião, e estes se tornaram particularmente fortes durante o período que antecedeu a segunda Guerra Mundial. Nesse período, um número crescente de fundadores e líderes de tais novas religiões foram presos sob suspeita de violar a ordem pública.

Na era do pós-guerra, a liberdade religiosa foi garantida pela Constituição e tornou-se relativamente fácil para um grupo adquirir o status legal de uma organização religiosa legalmente constituída. Em alguns casos, grupos religiosos que haviam sido filiados sob a proteção das treze seitas do pré-guerra ganharam independência. Além disso, uma variedade de outros movimentos religiosos recém-formados também surgiu nessa época. Imediatamente após a guerra, a sociedade estava em um estado de turbulência e muitos movimentos surgiram e se tornaram o foco de grande atenção da mídia.

Outro ponto a ser observado nesse contexto é o número de movimentos que se desenvolveram e se separaram da Igreja Messiânica (*Sekai Kyūseikyō*) na era do pós-guerra.

Entre eles estavam *Seimeikyō, Kyūsei Shinkyō, Shinji Shūmeikai* e *Sukui no Hikari Kyōdan*. Além disso, Okada Kōtama, que foi influenciado pela Igreja Messiânica (*Sekai Kyūseikyō*), fundou o *Sekai Mahikari Bunmei Kyōdan*, do qual posteriormente *Sūkyō Mahikari* se separou como um movimento independente. Nesse sentido, a linhagem *Ōmoto* (da qual *Sekai Kyūseikyō* emergiu), tomada em seu contexto mais amplo, foi um importante elemento constituinte das novas religiões derivadas do Xintoísmo.

As novas religiões derivadas do Xintoísmo, especialmente aquelas amplamente incluídas na linhagem *Ōmoto*, frequentemente criam nomes especiais e únicos para suas divindades. Outra característica é que esses grupos colocam considerável ênfase na importância dos espíritos em seus ensinamentos. *Ōmoto* explicou seu ensino com a noção de que "o espírito é o mestre, e o corpo é o aluno", o que significa que o mundo espiritual é superior ao mundo fenomênico. Esse fato também indica a crença de que mesmo depois de passar para o mundo espiritual, pode-se até certo ponto influenciar e responder aos problemas deste mundo. Esses ensinamentos sobre espíritos foram aplicados de várias maneiras dentro dessas religiões e, em termos práticos, deram origem a práticas rituais como *tekazashi* (o ato de levantar a mão para realizar a purificação e cura espiritual) e *jōrei* (purificação espiritual ou cura). Em geral, também pode ser sugerido que as novas religiões derivadas do Xintoísmo, via de regra, tendem a não distinguir entre deuses (*kami*) e budas (*butsu*) em suas doutrinas e rituais. Essa tendência pode ser considerada devido à influência do budismo história japonesa, na qual *kami* e budas foram considerados juntos na única categoria "*shinbutsu*", a exemplo do que vinha ocorrendo desde a idade média japonesa sob o rótulo de *honji suijaku*, a ser detalhado adiante nas interações do Xintoísmo com o Budismo.

Interações do Xintoísmo com outras Religiões

Nos tempos antigos, além do animismo e do xamanismo nativos do Japão, uma das importantes bases do Xintoísmo foi o *ujigami*, que é o culto a uma divindade tutelar ou guardiã do *uji* (clã ou família), que era realizado pelo chefe de cada *uji*. Acredita-se que o Confucionismo, que se originou na China e chegou ao Japão no século V d.C., foi um elemento importante nesse processo, bem como o Taoísmo baseado na harmonia entre *yin* e *yang*, que representam as duas forças básicas da natureza na concepção chinesa. Tudo isso estimulou o desenvolvimento dos ensinamentos éticos e a centralização gradual do poder político como um culto nacional. Mitos de vários clãs foram combinados e reorganizados em uma mitologia nacional com a família imperial como seu centro. Por volta do ano 645, o *kami* da casa imperial e o *kami* tutelar de clãs poderosos tornaram-se os *kami* de toda a nação e do povo, tendo como modelo confucionista de apoio ao poder imperial, algo que foi sempre uma influência importante como base e modelo para a estruturação do Xintoísmo.

Com a introdução do Budismo no Japão, buscou-se uma harmonização entre os budas e os *kami*. Essa foi uma tendência tão forte que muitos historiadores entendem que o Xintoísmo só se constituiu como uma religião independente a partir da Era Meiji. Ainda que a Era Nara tenha visto o início dessa ideia, foi no período Heian que ela se estabeleceu com mais força, inicialmente como uma forma de legitimar o estabelecimento de templos em lugares sagrados ao Xintoísmo, posteriormente a partir de um sincretismo que, no nível popular, implicava no acúmulo de práticas mágicas. A reinterpretação dos *kami* e sua "conversão" foram especialmente importantes na ocupação de lugares geográficos antes considerados não permitidos para o homem (especialmente montanhas, consideradas moradias dos *kami*). Em um estágio posterior, essa combinação teve uma sofisticada formulação vinda especialmente do Budismo, a partir de uma teoria que pregava uma correspondência entre budas e *kami*. A partir desses elementos, uma das principais tendências da historiografia japonesa contemporânea sobre o período é reforçar o princípio da não separação entre Xintoísmo e Budismo. Segundo historiadores contemporâneos, na verdade, a religião medieval japonesa não tinha esse princípio de divisão e o Xintoísmo como uma religião independente só veio a se constituir na Era Meiji.

Considerando a expansão do Budismo no Extremo Oriente, o Japão não foi um caso excepcional, mas seguiu um paradigma combinatório que vinha sendo praticado e desenvolvido desde o surgimento do Budismo Mahayana. Se a filosofia budista *Madhyamika*, com sua ênfase na vacuidade, estabeleceu a base para a rejeição de um essencialismo fundamentalista, na China a evolução do Budismo *Huayan* (*Kegon*) reforçou a interpenetração de todos os fenômenos. A ideia principal da interpenetração de todos os seres e fenômenos é ilustrada na famosa metáfora da joia de Indra: a realidade é vista como uma rede de joias, onde cada uma reflete todas as outras. Em resumo, com isso foi possível uma reinterpretação budista do animismo e com isso também dos *kami* xintoístas. Subjacente a essa visão filosófica está a possibilidade de reinterpretação e harmonização inter-religiosa. Fundadores de correntes filosóficas ou de novas formas de interpretar o Budismo foram eles mesmos vistos como *bodisatvas* ou *kami*.

Essas identificações, além de propiciar a identificação de deidades budistas com princípios locais xintoístas, também serviram para propósitos políticos de legitimação de sistemas imperiais. A famosa imperatriz Wu, na China, foi retratada como *Maitreya*, justificando a partir da interpenetração de todos os seres a figura de uma imperatriz. O imperador Shōmu, no Japão (reinado de 724 a 749), estabeleceu o *Kegon* como base e patrocinou a construção do *Todaiji*, tendo como figura central *Mahāvairocana* (*Dainichi Nyorai*), que seria simultaneamente relacionado ao imperador e à própria *Amaterasu*, uma base bastante conveniente para o sincretismo entre o Budismo e Xintoísmo, mas também para a sustentação do sistema político.

O conceito de *upaya*, bem como a distinção de uma verdade última e convencional pelos *Madhyamikas*, foram também princípios budistas importantes que relativizavam o próprio Budismo. Segundo a tradição, o próprio Buda comparou a religião do Budismo como uma jangada para a travessia de um rio (uma representação simbólica da iluminação), mas sem utilidade em terra firme depois de se chegar ao outro lado da margem. Esses conceitos criaram na prática um espaço para uma prática do Budismo com outras religiões como o Xintoísmo.

Outro elemento histórico importante na relação entre Budismo e Xintoísmo no Japão é o paradigma combinatório estabelecido pela corrente do Budismo esotérico (*mikkyō*). No caso do *Shingon*, por exemplo, manifestações sagradas podem ser entendidas como manifestações de *Dainichi Nyorai*, e através desse conceito quaisquer elementos de outras religiões podem ser potencialmente incorporados como manifestações especiais ou aspectos locais da verdade. Essa também foi uma influência importante na incorporação de elementos hindus em divindades xintoístas no Japão. Essa tendência para justapor os *kami* xintoístas com *bodisatvas* foi justificada com a versão primitiva do movimento *Shuguendō* no Japão e teve um papel especial na ocupação das montanhas, que antes eram vistas como um território proibido e mitologicamente protegido.

No final do século XVII, desenvolveu-se o movimento *Kokugaku* (Aprendizagem Nacional), que sustentava que o Xintoísmo não deveria se basear em interpretações budistas ou confucionistas, mas nas crenças e atitudes de vida de seus ancestrais, conforme esclarecido pelo estudo filológico dos clássicos japoneses. Esse movimento antissincrético foi liderado por Motoori Norinaga (1730–1801), que propôs uma ênfase no Xintoísmo antigo e na crença em *musubi* (o poder místico de criação), além do respeito pela família e linhagem imperial.

No contexto dos novos movimentos religiosos, muitos interpretam que o Xintoísmo desenvolveu novamente uma relação simbiótica com outras religiões mundiais, além da sua combinação com o Budismo e a incorporação de elementos taoístas e até hindus da antiguidade. Em especial alguns pesquisadores consideram que o Cristianismo, especialmente o Protestantismo, teve um papel bastante importante no estabelecimento das novas religiões, por sua orientação reformista contrária a uma hierarquia de sacerdotes, com foco em uma liderança carismática, e por suas características proselitistas voltadas para missão e expansão do grupo.

XINTOÍSMO E MUNDO CONTEMPORÂNEO

Xintoísmo e Ecologia

Dentro do Xintoísmo, a natureza, em especial em seus elementos fora do comum, é vista como algo sagrado, havendo tradicionalmente o reconhecimento de uma dívida para com suas bênçãos e o poder espiritual que traz fertilidade e prosperidade. Esse poder doador de vida é chamado de *musubi* (poder divino de crescimento) e percebido em todas as operações da natureza. O ideal de vida está relacionado a estar em harmonia com a natureza. Em especial, picos de montanhas, vales profundos e o vasto oceano são percebidos visualmente como moradas do divino; outros objetos naturais, como árvores perenes e grandes rochas, são considerados símbolos de espíritos sagrados.

Em termos rituais, a relação com a natureza dentro do Xintoísmo está estreitamente associada com a agricultura, em especial com a cultura do arroz, que definiu grande parte do modo de subsistência japonês. O arroz é tratado como um alimento sagrado e indispensável. Os festivais, alguns inclusive com participação da família imperial, são tradicionalmente realizados em cada região, sazonalmente, para invocar, por exemplo, o êxito no plantio ou o sucesso na colheita do arroz. Ao longo de milhares de anos, os rituais e festivais associados ao cultivo do arroz estruturaram dessa forma o tempo e o espaço ritual do Xintoísmo.

Mais recentemente, tem sido enfatizada a relação do Xintoísmo com santuários florestais. Em muitos santuários xintoístas, um bosque adjacente é um espaço ritual de adoração às divindades e, como tal, faz parte de uma preocupação ecológica preservada pelo povo japonês desde a antiguidade. Como é dentro desses bosques que se encontram muitas divindades consagradas, a floresta se torna um espaço sagrado. Esse costume resumido na expressão *chinju no mori* (bosque de um santuário de aldeia), tem sido bastante valorizado nos últimos anos por seu papel na preservação de arvoredos naturais, que servem como importantes oportunidades de contato com a natureza para residentes urbanos, que têm poucas chances para desfrutar de áreas verdes. Ao longo dos séculos, esses bosques evocaram a relação mútua entre *kami* e a comunidade humana: os *kami* protegendo a comunidade e a comunidade protegendo os *kami*, preservando o habitat da floresta, a busca de uma sabedoria enraizada na prática tradicional de relacionamento com a natureza, em vez de doutrina focada em um texto sagrado.

Tradicionalmente, as aldeias japonesas eram cercadas por arrozais, campos de vegetais e áreas florestais utilizadas para lenha e pasto, em uma forma de vida muitas vezes resumida na expressão *satoyama*. Historicamente, pela escassez de territórios frente ao tamanho da população, o Japão perdeu infelizmente quase toda sua cobertura de floresta primitiva faz muito tempo, mas as florestas foram sendo reconstituídas por comunidades locais. O *chinju no mori* se desenvolveu como parte de uma abordagem abrangente de gestão da terra, na qual a combinação da cultura do arroz e manutenção de floresta ainda representam o único modelo conhecido de um ambiente natural sustentável no Japão. Recentemente, tem havido muitas dificuldades de planejar gestão ambiental futura, uma vez que muitas aldeias agrícolas enfrentam o despovoamento e o abandono total da agricultura, mas áreas de *satoyama* e *chinju no mori*, mesmo abandonadas, acabam se transformando em oásis para a flora e fauna locais, enquanto nos santuários mais urbanos a preservação desses bosques menores associados ao Xintoísmo tem um papel importante para a população das grandes cidades.

Etnicidade e Internacionalização

O mito de que todos os japoneses são "descendentes de *Amaterasu*", através da figura do imperador, tornou fácil gerar uma nação unificada com base em uma origem étnica comum e um Xintoísmo baseado em uma política nacionalista. Essa ideologia exclui, entretanto, os direitos daqueles habitantes do arquipélago cujas raízes não estão na tradição *Yamato*, como o povo *ainu*, os *okinawanos* ou mesmo os mestiços e imigrantes de outros países, que reivindicam o direito de serem diferentes. Levada em seu extremo, uma interpretação étnica do Xintoísmo também restringe sua internacionalização, que fica restrito à comunidade de imigrantes japoneses no exterior.

Desde meados do século XIX, quando o Japão enfrentou vários tipos de crises devido ao imperialismo estrangeiro e às mudanças internas, uma variedade de cultos xintoístas locais apareceu. Normalmente eles introduziram novos *kami* até então desconhecidos, que poderiam ajudar as pessoas realizando curas e no enfrentamento de novos desafios. Frequentemente, esses *kami* assumiram um caráter internacional, dado seu papel em religiões que estavam na busca de expansão, ao contrário do Xintoísmo tradicional. Muitos desses grupos se inspiraram no Cristianismo como uma religião de salvação e, na medida em que minimizaram a importância do imperador, foram suprimidos pela política do Xintoísmo estatal até 1945. Depois do final da segunda Guerra, algumas novas religiões como *Tenrikyo*, *Igreja Messiânica* e *Mahikari* tiveram sucesso no Sudeste Asiático e na América do Sul, em muitos casos por se assemelharem e criarem hibridismos com cultos locais, algo que será abordado a seguir, no caso do Brasil.

Ética cotidiana, Anime e Robôs

Apesar de muitos japoneses afirmarem que não têm uma religião, muitos aspectos do dia a dia têm uma forte influência do Xintoísmo e do Budismo. O Xintoísmo não tem uma doutrina moral clara, mas como atitude básica em relação à vida, o Xintoísmo enfatiza a sinceridade e a pureza através de conceitos como *makoto no kokoro* ("coração da verdade") ou *magokoro* ("coração verdadeiro"). Essa atitude decorre da ideia de que a influência positiva dos *kami* nos humanos e a consciência do divino provoca uma atitude sincera das pessoas em fazer o seu melhor no trabalho ou em seus relacionamentos com outras pessoas. Assim, embora a ética *Shintō* não ignore as virtudes morais individuais, como lealdade, piedade filial, amor, fidelidade e assim por diante, geralmente é considerado mais importante buscar o *magokoro*, que constitui a atitude de vida dinâmica que produz essas virtudes. Nas escrituras antigas, *magokoro* era interpretado como "mente brilhante e pura" ou "mente brilhante, pura, reta e sincera". A purificação, tanto física quanto espiritual, é enfatizada até mesmo no Xintoísmo contemporâneo para produzir tal estado de espírito. A obtenção desse estado de espírito é necessária para tornar possível a comunhão entre os *kami* e os humanos e para permitir que os indivíduos aceitem as bênçãos dos *kami*.

Esse estado de espírito a ser buscado no cotidiano pode aparecer nas situações mais comuns, como, por exemplo, na busca de limpeza de si e do ambiente, que traz pureza, e mesmo em atividades mundanas como organização e arrumação da casa. Banho, limpeza e arrumação podem ser entendidos como uma prática espiritual. Marie Kondo, que foi uma assistente xintoísta (*miko*) e que se tornou famosa por seus livros sobre organização, baseia muito de sua filosofia em conceitos japoneses, em especial xintoístas. Com um fundo baseado em buscar o espírito das coisas, ela é um bom exemplo dessa influência xintoísta no dia a dia que muitas vezes não é notada, como ela declara a partir do conceito de *mono no aware*: "recentemente, uma expressão que me vem à mente enquanto trabalho com meus clientes é *mono no aware*. Esse termo japonês, que significa literalmente 'pathos das coisas', descreve a emoção profunda que é evocada quando somos tocados pela natureza, pela arte ou pela vida de outras pessoas com a consciência de sua transitoriedade. Também se refere à essência das coisas e à nossa capacidade de sentir essa essência. À medida que meus clientes passam pelo processo de arrumar as coisas, sinto uma mudança nas palavras que eles dizem e nas expressões faciais, como se estivessem afiando sua capacidade de sentirem *mono no aware*."

Os mitos e conceitos xintoístas também aparecem com muita frequência em mangás, anime e videogames japoneses. A cultura popular japonesa faz sucesso em todo o mundo, sem que muitas vezes se reconheça a inspiração xintoísta dessas produções. Considerando o ideal de um coração e mente puros, esse é um tema central, por exemplo, do anime "A Viagem de Chihiro" de Hayao Miyazaki. Existem muitas perspectivas folclóricas e do Xintoísmo embutidas no vocabulário cultural desse filme. A história retrata a jornada de Chihiro, de uma criança entediada, para uma jovem que age com genuína sinceridade para com os outros e para com o mundo, e que, apesar das tribulações, cultiva um coração puro e alegre. Miyazaki retrata essa transformação espiritual colocando Chihiro em um reino fantástico que propicia o desenvolvimento do caráter interno de Chihiro: o mundo estranho de Yubāba, Haku e a casa de banhos, onde ela é colocada à prova. O diretor Miyazaki reconhece explicitamente sua dívida para com a tradição xintoísta. Ele se refere, por exemplo, ao seu "caloroso apreço pelos vários rituais xintoístas rurais muito humildes que continuam até este dia em todo o Japão rural" e cita os rituais do solstício quando os moradores convocam todos os *kami* locais e os convidam a tomar banho em suas casas.

Entre várias outras referências xintoístas essa parece ser a inspiração para a casa de banhos no filme, que recebe a visita de vários *kami*.

Considerando o cotidiano em termos de nossa relação com as coisas e máquinas, uma área que pode ter bastante impacto para o futuro é a robótica e a inteligência artificial. Nesse campo, há no Japão uma confluência entre uma tecnologia animista propiciada pela base xintoísta e pela mídia, o que produz uma relação diferente com a tecnologia robótica. Desde muito tempo foram criados dispositivos mecânicos no Japão, para, por exemplo, servir chá a convidados. Esses dispositivos e também bonecos em geral são entendidos como tendo espírito, um resultado de um animismo de base xintoísta. Inclusive há rituais específicos para esses itens, como, por exemplo, quando eles não são mais úteis. Outros exemplos de uma relação benéfica entre robôs e humanos vem à mente a partir dos mangás, por exemplo com o Astro boy (*Tetsuwan Atomu*), criado por Osamu Tezuka nos anos 50. Nos anos 90, foram lançados os *tamagochi*, que são animais de estimação virtuais que precisam de carinho, cuidado, atenção e limpeza. Eles nascem, crescem e morrem, estabelecendo nesse percurso uma relação especial com seus proprietários, dependendo de como foram criados e cuidados no mundo virtual. Atualmente há um grande número de seres virtuais no meio da profusão das redes sociais e videogames e é forte a tendência do uso de robôs nas casas e como auxiliares no cuidado de idosos, uma relação de confiança propiciada por um relacionamento tecno-animista com relação às coisas.

XINTOÍSMO NO BRASIL

Xintoísmo de Estado no Brasil

Seguindo uma distinção comum explicada acima, dentro dos estudos de Xintoísmo, no Brasil também podemos dividir o Xintoísmo em algumas categorias principais: Xintoísmo de Estado (*Kokka Shintō*) e Xintoísmo popular (*Minzoku Shintō*). Em alguns casos, o último assumiu a forma institucionalizada do que no Japão é chamado de Xintoísmo de Santuários (*Jinja Shintō*). Essas categorias não são necessariamente exclusivas. Enquanto Xintoísmo de Estado é baseado em uma perspectiva nacionalista e centralizada no imperador, o Xintoísmo popular, praticado historicamente por alguns nipo-brasileiros, pode ser considerado uma versão popular do Xintoísmo, centrado no Brasil em mediunidade e invocações locais e combinado com santos populares católicos.

Uma reflexão sobre a "aclimatização" do Xintoísmo e novas religiões de base xintoísta no Brasil parece especialmente importante, devido a inúmeros fatores. Inicialmente pode ser dito que o Brasil tem uma das maiores comunidades de imigrantes japoneses em todo o mundo, fortemente concentrados no estado de São Paulo. Essa imigração foi intensa na primeira metade desse século, apresentando uma característica de imigração definitiva a partir do final da Segunda Guerra Mundial, quando existiu o definitivo estabelecimento de diversas religiões japonesas no Brasil, como diversas novas religiões derivadas do Xintoísmo. O Brasil possui uma característica cultural bastante pluralista e sincrética, o que pode contribuir com uma fácil assimilação de culturas estrangeiras, ainda que não certamente na sua forma original.

Apesar disso o Brasil é um país majoritariamente católico e no início da imigração muitos japoneses foram pressionados socialmente a abandonar suas crenças e se converterem ao Catolicismo. Atualmente convivem várias gerações de japoneses e descendentes, existindo atualmente um fluxo imigratório de nipo-brasileiros para trabalhar no Japão. Esse fluxo imigratório permite um intenso contato com tradições japonesas desconhecidas pelos descendentes ou então passíveis de revitalização em termos de conexão com os antepassados.

O Xintoísmo de Estado teve uma influência bastante importante nas primeiras gerações de japoneses no Brasil. Socializado de acordo com os valores tradicionais japoneses, para os imigrantes japoneses da primeira geração o Xintoísmo de Estado (*Kokka Shintō*) sustentou a religiosidade e os símbolos do culto imperial, mesmo após a Segunda Guerra Mundial. Nesse contexto, o imperador era considerado um *kami* para todos os japoneses no Brasil e sua veneração ajudou os imigrantes a se manter como uma comunidade unificada com base na etnia. Esse entendimento foi apoiado pelo Consulado Japonês no Brasil, por exemplo, com a promoção de festivais esportivos anuais (*undōkai*) e nas ocasiões de comemoração do aniversário do Imperador (*tenchosetsu*).

Como os imigrantes japoneses antes da guerra estavam dispostos a retornar o quanto antes à sua terra natal, eles mantinham como práticas religiosas especialmente a devoção ao imperador e ritos funerários budistas improvisados. Na escola, os filhos dos imigrantes foram apresentados ao nacionalismo das eras Meiji, Taishō e Shōwa, o que resultou em uma interpretação ritualizada da etnia japonesa por meio do culto ao imperador. O Xintoísmo de Estado era entendido como parte do sistema educacional japonês, não como religião. As relações comunais baseadas no nacionalismo xintoísta assumiram grande importância, uma vez que a família tradicional e os grupos corporativos locais eram baseados no chamado espírito japonês (*yamato damashii*).

A derrota do Japão na Segunda Guerra Mundial pôs um fim abrupto ao Xintoísmo de Estado no Japão. A maioria dos imigrantes no Brasil, porém, não acreditou na derrota do Japão e não aceitou essa realidade política. Isso foi especialmente verdadeiro para um grupo de movimentos ultranacionalistas no Brasil, que se apegaram à ideia da invencibilidade do Japão. Um deles foi a *Shindō Renmei*, fundada em 1942. Seu início coincidiu com a saída das autoridades japonesas, em reação à entrada do Brasil na guerra, o que trouxe rompimento das relações diplomáticas entre os dois países e o vácuo de liderança entre os imigrantes.

A identificação de muitos nipo-brasileiros com a invencibilidade do "Império do Sol Nascente" e a aceitação da versão alternativa da história propagada pelos líderes do *Shindō Renmei* sinalizaram o início de uma divisão interna da colônia japonesa entre os chamados derrotistas (*makegumi*), representados por uma minoria composta por nipo-brasileiros mais educados e em geral já aculturados, que aceitaram o fato de o Japão ter perdido a guerra, e pelos vitoriosos (*kachigumi*), que alegaram o contrário e consideraram os *makegumi* traidores do espírito japonês. Os *kachigumi* não estavam apenas convencidos de que o Japão havia vencido a guerra. Também previram que em breve seriam enviados navios japoneses para resgatar os imigrantes japoneses no Brasil. Na espera das embarcações, alimentadas ainda por falsas informações divulgadas por fanáticos *kachigumi*, um número considerável de imigrantes vendia suas propriedades e viajava para cidades litorâneas brasileiras. A partir da análise dos arquivos da organização, apreendidos pela polícia brasileira, pode-se supor que, em seu auge, a organização contava com 100.000 colaboradores e aproximadamente 60.000 simpatizantes. A radicalização da *Shindō Renmei*, entre 1946 e 1947, resultou no assassinato de 23 pessoas e no ferimento de aproximadamente 150 outras. Para pacificar a comunidade, o governo brasileiro reagiu com força policial e reprimiu ostensivamente as atividades da *Shindō Renmei*.

A situação voltou ao normal somente após a repressão policial e um lento processo de esclarecimento. A crescente percepção da real situação do Japão após a guerra obrigou a maioria dos japoneses a se decidir por permanecer definitivamente no Brasil, o que teve consequências importantes para toda a comunidade. Depois da década de 1950, uma nova identidade nipo-brasileira foi criada e promovida como forma de integração e assimilação na sociedade brasileira, uma tarefa que seria assumida principalmente pelas novas gerações. Muitos descendentes de segunda geração (*nisseis*), embora respeitando o Japão, já reconheciam o Brasil como sua pátria. Alguns deles já eram bem-sucedidos economicamente, falando português com fluência e participando ativamente da sociedade brasileira.

Xintoísmo de Santuários no Brasil

O Xintoísmo popular trazido pelos imigrantes teve suas atividades bastante restritas durante as primeiras décadas da imigração japonesa, dado que nessa época era muito difícil a prática de qualquer religião fora do Catolicismo, em especial religiões não monoteístas. Mesmo assim, são registradas iniciativas de alguns santuários xintoístas no Brasil. Em 1938, membros da comunidade de imigrantes de Bastos construíram o *Sanso Jinja*, um santuário inspirado em um santuário importante localizado na província japonesa de Fukushima. Nesse ínterim, Shōzō Ogasawara (1892–1970) havia visitado o assentamento de Aliança (Estado de São Paulo) com a intenção de inaugurar um "santuário ultramarino", em nome do santuário *Suwa* localizado na prefeitura de Nagano. No entanto, o projeto não foi levado adiante. Nem mesmo a promessa de que o santuário *Suwa* financiaria a aquisição de um terreno nos arredores de Aliança para a instalação do santuário convenceu a maioria da comunidade a prosseguir com o empreendimento.

Durante a década de 1950, em parte devido à chegada de imigrantes do pós-guerra e além da presença de altares domésticos (*kamidana*) nas casas japonesas, uma série de pequenos santuários surgiu em ambientes florestais nos estados do Pará, Amazonas e Mato Grosso. Entre esses santuários estava o *"Ishizuchi Jinja do Brasil"*, estabelecido em meados da década de 1950, em um morro próximo à cidade de Mogi das Cruzes, no Estado de São Paulo. O santuário ainda existente é dedicado a *Ishizu-chi-Ōkami*, uma divindade originalmente associada à montanha Ishizuchi, na província japonesa de Ehime. Em 1957, um renomado membro da comunidade inaugurou uma pequena capela com a imagem da divindade em um casebre. Desde esse ano, os membros – e mais recentemente os seus descendentes – organizam todos os primeiros domingos de julho uma peregrinação coletiva ao santuário da colina.

Outros pequenos santuários xintoístas no Brasil foram *Yasukuni-ko* e *Konpira Jingu*. Ambos estão virtualmente extintos em termos de atividades religiosas, por causa do desinteresse das gerações mais recentes. A associação *Yasukuni-ko* foi uma instituição de caridade que visava apoiar as atividades do Santuário *Yasukuni* no Japão. A história recente do santuário está fortemente associada ao culto aos heróis de guerra japoneses, considerados criminosos de guerra condenados durante a segunda Guerra Mundial. No Brasil, a associação Yasukuni esteve presente nas cidades de Marília, Lins e Araçatuba. *Konpira Jingu* foi erguido pela comunidade de descendentes de Kagawa (*Kagawa Kenjinkai*), localizada na região de Mirandópolis, em São Paulo, e dedicada a *Konpira*, deus dos navegadores. Até hoje é realizada a *Konpira Matsuri*, festa local com barracas de comida e apresentações culturais, mas praticamente sem atividade religiosa.

Outro exemplo de iniciativa de um Xintoísmo nipo-brasileiro é *Inarikai* (Grupo Inari). *Inari* é uma divindade popularmente conhecida no Japão, protetora de fazendeiros e mercadores e fortemente relacionada à prosperidade e fertilidade. No Brasil, a *Inarikai* foi formada como uma associação derivada da religiosidade popular japonesa, com fortes traços de sincretismo com o Espiritismo e com a religiosidade popular brasileira. O grupo conheceu e praticou sessões de mediunidade que mesclaram a religiosidade popular brasileira e japonesa. Um dos exemplos dessa combinação do Xintoísmo com a religiosidade popular brasileira são as visões do deus *Inari* pela mestra Kinko, que foi responsável pelo grupo.

O último santuário a ser descrito nesta seção é *Kaminoya Yaoyorozu* (Morada das miríades de deuses) ou *Kaminoya Daijingu* do Brasil (Morada dos Deuses, grande santuário xintoísta do Brasil). *Kaminoya* não é apenas o santuário xintoísta mais representativo do país, mas também pode ser considerado o principal exemplo em termos de um Xintoísmo popular recuperado pelos japoneses no Brasil. *Kaminoya* foi fundada por Suzuko Morishita, mais tarde conhecida como Mestre Tachibana, que chegou ao Brasil em 1932. Ela era filha de um asceta xintoísta em uma tradição denominada *gyō*, que no Japão costuma ser combinada com o *Shugendō*. As práticas dessa tradição incluem rituais de montanha para purificação, além de atitudes xamânicas para revelações divinas e possessão de espíritos. As práticas xintoístas nessa linhagem incluem purificação ascética em água (*misogi*) e purificação por exorcismo (*harae*). Após um período de dificuldades iniciais em meio ao desejo de retornar ao Japão, Suzuko Morishita recebeu uma mensagem divina em 1941 para que ela se instalasse definitivamente no Brasil e servisse aos necessitados da terra brasileira. Ela iniciou então um serviço de consulta religiosa que reunia devotos da Freguesia do Ó (Zona Norte da cidade de São Paulo), com orações por resultados e benefícios nesse mundo, como curas e prosperidade, na tradição do Xintoísmo popular conhecido como *kaji kito* (encantamentos e orações oferecidos a uma divindade como uma forma de solicitação). Nessas práticas, Mestre Tachibana inevitavelmente combinava as tradições que aprendera no Japão com elementos brasileiros reinterpretados. Nessa fase de contato e ambiguidade, Suzuko Morishita era vista no Brasil como médium, mas também como uma curandeira xintoísta e voltada ao culto aos ancestrais. As cerimônias envolvendo *harae* têm um forte componente associado à purificação e pacificação dos ancestrais. Muito do *Kaminoya* está relacionado a esses aspectos carismáticos de Suzuko Morishita, podendo ela ser entendida como a fundadora de uma nova religião nipo-brasileira.

Em 1955, o grupo se estabeleceu mais formalmente com o nome de *Kaminoya Yayorozukyo* e em 1965 iniciou a construção de seu santuário chamado de *Iwato Yama* na região de Arujá. O nome indica uma conexão com a origem mitológica do Japão, já que *Iwato Yama* está relacionado ao episódio, na crônica histórica japonesa *Kojiki*, em que *Amaterasu Ōmikami* se escondeu em uma caverna e foi atraída por outras divindades para que saísse. Uma das primeiras preocupações do grupo foi um local para a entronização das deidades ancestrais.

O final da década de 1960 representa uma fase de recuperação para o *Kaminoya*, no sentido de retorno na busca de legitimidade vinda do Japão no processo de transplantação do Xintoísmo. É nessa época que o atual sacerdote Tamotsu Sato foi enviado ao Japão para se formar em estudos xintoístas em *Kokugakuin*, em Tóquio. Em 1967, o templo principal (*Iwatojinja Goshiden*) do complexo do *Kaminoya* foi construído e as relíquias sagradas, usadas anteriormente na Freguesia do Ó, foram entronizadas.

Em 1968, objetos sagrados de *Ise Jingu* foram doados e uma delegação oficial de santuários xintoístas do Japão visitou *Kaminoya*. Foi nessa época que *Kaminoya* então mudou seu nome adicionando o título *Daijingu do Bra-*

sil (Grande Santuário do Brasil). Também nessa época um santuário para *Amaterasu Ōmikami* foi construído no estilo tradicional da arquitetura xintoísta. Naquela época *Kaminoya* apresentava-se como um santuário vinculado ao *Ise Jingu*, sendo, portanto, a referência no Brasil para o santuário Ise, que é um símbolo nacional do Japão e da família imperial japonesa. Até a madeira descartada de uma reconstrução do *Ise Jingu*, reconstrução que tradicionalmente ocorre a cada 20 anos, foi enviada ao Brasil para ser utilizada no *Kaminoya*. Em 1970, o monumento da trindade divina foi erguido na parte de trás da área florestal no lugar mais alto da montanha, onde o *Kaminoya* está localizado. A trindade divina nesse contexto é composta pelos deuses xintoístas *Tenso no Ōmikami Sama*, *Takami no Musubi no Ōmikami Sama* e *Kamuni no Musubi no Ōmikami Sama*.

No final da década de 1970, *Kaminoya* entrou em uma nova fase caracterizada por relativa inovação ou desenvolvimento independente. Uma expressão dessa tendência foi a reinterpretação de divindades budistas e figuras católicas dentro do panteão xintoísta. Em 1976, a capela Ōjizosan foi construída como uma deidade protetora do trânsito e da segurança residencial, bem como também foram colocados novos portais xintoístas (*torii*), escadas e passagens, além da construção de um pequeno santuário para a bênção de veículos.

No mesmo período, foram construídos os santuários de Bom Jesus de Pirapora e de Nossa Senhora Aparecida, que apesar de serem figuras católicas têm um lugar nesse Xintoísmo nipo-brasileiro.

O santuário do Bom Jesus de Pirapora remete à devoção católica legitimada por uma narrativa sobre José de Almeida Naves, morador de Parnaíba, que, por volta de 1725, havia encontrado uma imagem de Bom Jesus encostada em uma pedra do rio Anhembi. Ele levou a imagem para casa e a colocou em seu altar doméstico para que as pessoas pudessem fazer suas orações ali. As devoções conferidas a Bom Jesus de Pirapora e Nossa Senhora Aparecida no caso de *Kaminoya* foram incorporadas ao Xintoísmo de acordo com a concepção de *ubusunagami* (divindade tutelar da terra de nascimento), que foi uma forma dos nipo-brasileiros promoverem deidades locais brasileiras dentro do Xintoísmo.

Novas Religiões de Influência Xintoísta no Brasil

No Japão, os novos movimentos religiosos são frequentemente definidos de acordo com a data de sua criação. Aqui nos concentraremos naqueles que têm uma forte base xintoísta, sendo em alguns contextos rotulados como neo-Xintoísmo. Apesar de diferentes teorias sobre sua ascensão, termos como nova religião (*shinshūkyo*) apontam movimentos que surgiram especialmente no final do governo de Bakufu (1867-1868). Outro termo mais polêmico, é "nova, nova" religião (*shin shinshūkyo*), que se aplica a novos movimentos posteriores que surgiram principalmente nas décadas de 1970 e 1980, de caráter mais mágico e místico.

A base desses grupos japoneses tem suas raízes na religiosidade popular, acrescida de uma estrutura organizacional e um esforço de conversão que são claramente diferentes dos grupos mais tradicionais. Muitas das novas religiões representam a institucionalização da religiosidade popular japonesa com base em benefícios neste mundo por meio de organizações leigas e fundadores carismáticos. Um fator importante nos novos movimentos religiosos é a ênfase em um proselitismo ativo, algo mais raro na religiosidade popular, mas importante na institucionalização dessas novas religiões.

As novas religiões japonesas entraram na América Latina como religiões étnicas, praticadas dentro das comunidades de imigrantes, e muitas delas ainda estão limitadas às comunidades étnicas locais.

Dessa forma, a história da imigração japonesa na América Latina está fortemente associada ao desenvolvimento das novas religiões japonesas. *Tenrikyō* e *Ōmoto* estão entre as religiões "novas" mais antigas do Japão, estando no Brasil entre as primeiras a serem praticadas. *Tenrikyō* ("Religião da Sabedoria Celestial") foi fundada em 1838 por Miki Nakayama (1798-1887), que afirmou que *Tenri--Ō-no-Mikoto* ("o Deus da Razão Celestial") deu a ela a ordem de salvar todas as pessoas no planeta, preparando assim a vinda de um reino celestial. *Ōmoto* ("Grande Origem") foi exposta pela primeira vez em 1892 pela fundadora Nao Deguchi (1837-1918) e pelo co-fundador Onisaburo Deguchi (1871-1948). Ambas as religiões têm fortes traços xintoístas combinados com a religiosidade popular japonesa.

Ōmoto é especialmente importante, no caso das religiões japonesas na América Latina, porque dois movimentos religiosos japoneses bastante populares no Brasil derivaram delas. *Seichō no Ie* ("Lar do Progredir Infinito" ou "Casa da Vida e do Crescimento") é a Nova Religião Japonesa fundada em 1930 por Masaharu Taniguchi (1893-1895), que afirmou que seus insights divinos foram resultado de vastos estudos filosóficos e inspirações recebidas durante meditações profundas. A *Igreja do Messiânica Mundial* foi fundada em 1935 por Mokichi Okada. Como no caso de *Seichō no Ie*, a religião também é derivada de *Ōmoto*. Sua principal prática é o *johrei*, que a partir de uma revelação é entendido como a canalização da luz divina para o corpo, com o propósito de cura. O início de uma nova Era Messiânica sem doenças, pobreza e dificuldades foi promovido pela revelação divina recebida por Mokichi Okada em 1926. A *Perfect Liberty*, também presente na América Latina, é outra nova religião japonesa, tendo sido fundada em 1924 por Miki Tokuharo (1871-1938), um ex-sacerdote que deixou a seita *Ōbaku* do zen-budismo. *Perfect Liberty* também foi fortemente moldada pelo sucessor Tokuchika Miki, especialmente em sua ênfase na arte e seu tom ecumênico e internacional. Com forte ênfase na cura, o movimento foi estabelecido como uma seita xintoísta, quase uma exigência na época de sua fundação, devido à força do Xintoísmo estatal.

Já no período pré-guerra, os movimentos *Ōmoto*, *Seichō no Ie* e *Tenrikyō* deram os primeiros passos no Brasil. Quando os representantes da *Ōmoto* apareceram pela primeira vez em 1930, eles já estavam predispostos a estender sua comunidade para os não japoneses. Embora a comunidade tenha permanecido uma pequena minoria de no máximo algumas centenas de adeptos, é notável que, segundo levantamentos, a metade dos membros seja de brasileiros não japoneses. Em 1932, a *Seichō no Ie* iniciou suas atividades exclusivamente entre os imigrantes japoneses, tendo como forte influência o cultivo do chamado espírito japonês (*yamato damashii*). A *Tenrikyō* era inicialmente praticada por poucos indivíduos, mas logo após o anúncio da sede japonesa de uma campanha mundial de internacionalização em 1926, o grupo brasileiro começou a desenvolver atividades de proselitismo. A partir de 1935, foram estabelecidas várias igrejas brasileiras, principalmente no Estado de São Paulo, e um centro de treinamento para jovens missionários. Inicialmente esse esforço de proselitismo foi direcionado principalmente para a comunidade japonesa.

De uma forma geral, essas novas religiões japonesas direcionaram, no início, suas atividades principalmente para comunidades étnicas japonesas. Isso é verdade para a *Tenrikyō* no Brasil, cujas medidas de proselitismo e conquistas organizacionais nesse período foram principalmente relacionadas às necessidades espirituais dos imigrantes japoneses e seus descendentes. A situação era semelhante para a *Perfect Liberty* presente no Brasil desde 1957 e para a *Igreja da Messiânica Mundial* trazida ao Brasil em 1955.

O período entre 1960 e 1985 viu também um aumento considerável das novas religiões japonesas na América Latina. Já na primeira metade da década de 1960, a *Tenrikyō* no Brasil acrescentou seis novas igrejas locais à lista de instituições já existentes no país. Em 1971, o grupo inaugurou um centro cultural na cidade de São Paulo e lançou o primeiro volume do Jornal *Tenri* no Brasil. Em 1983, a rede de igrejas *Tenrikyō* era composta por mais de 50 locais e cerca de 250 centros que atendiam a aproximadamente 10.000 adeptos, cuja grande maioria era de descendência japonesa. Hoje em dia a *Tenrikyō* também está presente com centenas de seguidores no Peru, México, Colômbia e Argentina, em alguns lugares atraindo um número crescente de pessoas sem ascendência japonesa.

No Brasil, enquanto *Ōmoto* e *Tenrikyō* permaneceram relativamente restritas às famílias de imigrantes, *Perfect Liberty*, *Seichō no Ie* e *Igreja Messiânica* deram novos passos para superar a imagem de uma religião étnica. Já na primeira metade da década de 1990, os não japoneses representavam a grande maioria dos adeptos do *Perfect Liberty*, que na América Latina também está presente no Peru, Argentina e Paraguai. Os missionários do Brasil lançaram as bases da propagação no exterior não só para países da América Latina, mas também para o Canadá e Portugal. No caso da *Seichō no Ie*, em 1999 havia 2.000 centros em todo o Brasil, com uma equipe total de 5.000 colaboradores, sendo 70% brasileiros de origem não japonesa. A sede nacional indica em publicações mais recentes que o *Seichō no Ie* no Brasil tem atualmente cerca de 1 milhão de praticantes (em algumas comunicações, chega-se a sugerir que o *Seichō no Ie* tem mais de 3 milhões de seguidores) e cerca de 1.600 locais de culto. Este número é muito provavelmente uma estimativa para maior, mas não existem números investigados de forma independente. Alguns estudiosos presumem que apenas 20 por cento dos adeptos do *Seichō no Ie* são de origem japonesa.

Imigrantes japoneses estabeleceram o ramo brasileiro

da *Igreja Messiânica Mundial* em 1955, no Rio de Janeiro. Em 2000, havia cerca de 659 centros locais. A *Igreja da Messiânica Mundial* é a única nova religião japonesa que apareceu no estudo do IBGE de 1991, contando com 81.344 membros declarados no censo, a grande maioria de brasileiros que não são descendentes de imigrantes japoneses. De acordo com o censo nacional do ano de 2000, o número de adeptos declarados havia aumentado para 102.961. O censo do ano de 2010 estimou 103.716 seguidores, mas muitos devotos provavelmente não são contabilizados, visto que muitos adeptos da *Igreja Messiânica* também pertencem a outras religiões. A *Igreja Messiânica Mundial* também está presente em muitos outros países da América Latina com milhares de membros, especialmente na Argentina e Peru, mas também com seguidores em países como Bolívia, Chile, Colômbia, Costa Rica, México, Uruguai e Venezuela. Em muitos desses lugares a divisão interna da *Igreja Messiânica* na década de 1980 afetou a continuidade do trabalho de institucionalização e proselitismo.

PERÍODOS DA HISTÓRIA DO JAPÃO

Paleolítico japonês (entre 50.000 a.C. ~ 35.000 a.C. até cerca de 13.000 ~ 9.500 a.C.)

Período Jōmon (13000 a.C. até cerca de 1000 a.C.) 縄文時代

Período Yayoi (500 a.C. até cerca de 250 a.C.) 弥生時代

Período Kofun (por volta de 250 a.C. até cerca de 538 d.C.) 古墳時代

Período Asuka (538-710) 飛鳥時代

Período Nara (710-794) 奈良時代

Período Heian (794-1185) 平安時代

Período Kamakura (1185-1333) 鎌倉時代

Período Muromachi (1333-1568) 室町時代

Período Azuchi-Momoyama (1573-1600) 安土桃山時代

Período Edo (1600-1868) 江戸時代

Japão moderno (1868-presente) 明治時代以降

A época moderna se divide nas seguintes eras, dadas pelo intervalo de cada imperador entronizado:

Era Meiji (1868–1912) 明治時代
Era Taishō (1912–1926) 大正時代
Era Shōwa (1926–1989) 昭和時代
Era Heisei (1989–2019) 平成時代
Era Reiwa (2019–presente) 令和時代

REFERÊNCIAS ADICIONAIS

Hardacre, Helen. 2016. *Shinto: A History.*
Oxford University Press.
Um bom livro em inglês sobre a história do Xintoísmo, escrito por uma pesquisadora especialista no tema, em que se aborda, de modo particular, as questões associadas a novas religiões e a relação entre Xintoísmo e Estado.

Morais, Fernando. 2000. *Corações Sujos.*
Editora Companhia das Letras.
Um trabalho que detalha as atividades terroristas do grupo *Shindo Renmei* no Brasil, mostrando o contexto na época e as restrições que os imigrantes japoneses sofreram durante o período.

Okuyama, Yoshiko. 2015. *Japanese Mythology in Film: A Semiotic Approach to Reading Japanese Film and Anime*
Especializado na presença da mitologia japonesa nos filmes e anime, com exemplos dos conceitos xintoístas.

Ono, Sokyo. 2004. *Shinto: The Kami Way*. Tuttle Publishing.
O Xintoísmo na perspectiva de um dos acadêmicos mais especializados sobre o tema, trazendo uma visão do interior da religião.

Picken, Stuart. 2004. *Sourcebook in Shinto: Selected Documents*. Editora Praeger.
Traduções em inglês de importantes textos relacionados ao Xintoísmo, desde a mitologia clássica até estudos contemporâneos.

Sobre o autor

Rafael Shoji nasceu em São Paulo, é doutor em Ciência da Religião pela Universidade de Hannover (Alemanha), co-fundador e pesquisador do Centro para Estudo de Religiões Alternativas de Origem Oriental (CERAL, PUC/SP), além de sócio-diretor da empresa E-VAL Tecnologia. De 2006 a 2007 foi pesquisador pela Fundação Japão, e novamente de 2010 a 2011 esteve no Instituto de Religião e Cultura de Nanzan (Nagóia, Japão). Seus temas principais de pesquisa são o Budismo e as religiões japonesas na América Latina, mais recentemente com foco nos movimentos xintoístas no Brasil.

Impressão e Acabamento
Gráfica Oceano